为了高原的高铁梦

漠子／著

群众出版社·北京

图书在版编目（CIP）数据
为了高原的高铁梦/漠子著．—北京：群众出版社，2017.1
ISBN 978-7-5014-5635-2
Ⅰ.①为… Ⅱ.①漠… Ⅲ.①报告文学—作品集—中国—当代
Ⅳ.①I25
中国版本图书馆 CIP 数据核字（2017）第 023809 号

为了高原的高铁梦

漠 子 著

出版发行：群众出版社
地　　址：北京市丰台区方庄芳星园三区 15 号楼
邮政编码：100078
经　　销：新华书店
印　　刷：北京普瑞德印刷厂

版　　次：2017 年 1 月第 1 版
印　　次：2017 年 1 月第 1 次
印　　张：7.75
开　　本：880 毫米×1230 毫米　1/32
字　　数：200 千字

书　　号：ISBN 978-7-5014-5635-2
定　　价：30.00 元

网　　址：www.qzcbs.com
电子邮箱：qzcbs@sohu.com

营销中心电话：010-83903254
读者服务部电话（门市）：010-83903257
警官读者俱乐部电话（网购、邮购）：010-83903253
文艺分社电话：010-83903973

目录

序

筑梦平安铁路

张　策

在儿时的乐园里，多的是行色匆匆的顽童，岁月老人如耕夫，提着长鞭吆喝着每个人前行，这位沙漠之子多的是梦的呓语，洒向乐园的童曲欢快得有些语无伦次，如那银铃般的笑声，毫无斧凿之痕，也如天籁之声盈耳。

在人生的乐园里，谁都愿意选择快乐、梦想同行。

漠子独守着精神家园，游走于文字的排列组合间找寻快乐，岁岁年年，年年岁岁，不离不弃。笔耕和农耕一样，只是变换了时空，日落而出，日出而息，彼此在苦海中波涛人生，各有各的味道。一个个字排列成一首诗、一篇文，见诸报刊；一首首诗、一篇篇文排列成一本本书，走进书店，过程的快乐如品香茗，淡淡的苦味正是他好的那口。

在青少年时期的乐园里，漠子踏遍青山，穿越腾格里沙漠，奔跑在天路上找寻乐趣。中年时代，他的目光更多地在我们队伍中逡巡，发现闪光点，抒写非虚构，向战友展开爱的情怀、梦的翅膀。铁路警察队伍是一支英勇善战的纪律部队，人才辈出，在繁忙的工作之余，有一部分人辛勤耕耘，他们的笔触没有被泛文学左右，笔触放在了身边的人、身边的事，筑梦平安铁路。漠子就是其中之一，《为了高原的高铁梦》抒写了铁路警察的工作与生活。

如同大丽花，盛开时淹没在花海里，虽有牡丹的娇艳、月季漫长的花期、兰花的清香，更不与梅兰竹菊争宠。随着秋云退尽，消失在严寒里，因时空错位，呈现给世人的只是过程的美丽。与其相似的是漠子创造的美，如作者的底蕴和作品的内涵藏在深处，未被更多人认可和赞美。

后现代主义、魔幻现实主义是评论家标新立异的新词；乔伊斯的《尤利西斯》因无人能读懂他梦魇般的呓语，于是被评论家和文学大师如皇帝新装一样夸好，尊崇为文学界的“葵花宝典”。《红楼梦》好，却是中国小说史的里程碑。这是因为在其字里行间，从事写作者可学的东西实在太多。如是我，能语言凝练地写出百万言的小说，却没有其表达张力。然而，世人更喜欢《西游记》，无论中外、妇孺、老幼，孙悟空远比林妹妹家喻户晓，这是可读性和表现手法的问题。如果我们的作家都把作品写成和《尤利西斯》一样，那只能用作给学者进行研究，而不是让读者来陶冶情操了。现在，严肃文学被边缘化，写书的人比读书的人多，中国文学出现这种怪现象，难道都是拜金主义惹的祸？难道都是读者的不是？作为作家，有没有三省吾身呢？

我很喜欢书法，几十年来对欧颜柳赵、苏黄米蔡顶礼膜拜，极尽模仿之能事，看着各种书体非常周正地出现在各种海报和广告牌上时，我们无不惊叹新的印刷术的高妙，再看什么《曹全碑》等觉得名家书法索然无味。如果欧颜柳赵穿越时空在世，他们是不是会毫不争议地认为：现代科技是对名家书法的颠覆？在一个偶然的机会，我接触到武威汉简、居延汉简、马王堆汉简，这些简牍书法的出现，使我耳目一新，于是我开始钟情于汉简书法，钟情得有些狂热，较名家书法而言，和以上名家书法并存的这些民间书法，沉默了几千年后，有谁说不好呢？

我确信，没有对铁路公安事业的热爱、没有对战友发自心灵的情感、没有扎实的文学功底和素材的掌握，讴歌的梦想不易达到。《为了高原的高铁梦》打开了我们铁路公安民警的工作和生活，漠子把诗情运用到“民警的诗意栖居”上，他用丰富的诗情张扬我们的事业，把情怀与视角放到公安工作和战友身上，铁路警察的工作因之被赋予了诗意。靠着共同的理想和信念，他与战友们一起铸造着平安、稳定的铁警梦。

在这“百花齐放、百家争鸣”的时代，读书如吃火锅，是鸳鸯的好，还是麻辣的好，或是海鲜的好，只能依个人嗜好而论更为合适。

祝漠子及全国各位同仁幸福安康!

是为序。

（作者系中国作家协会全委会委员、全国公安文联副主席）

为了高原的高铁梦

兰新高铁是西北的戈壁、高原、大山的一个美梦。在半梦半醒中，我踏上了寻梦之旅。

兰新高铁是一条飞龙，从莽莽苍苍的祁连山脉中飞出，从地理上的第一梯级跃入第二梯级；是一条彩虹，从天上到地下，搭起高原的桥梁，进入甘肃西部最美的腹地古甘州张掖。金秋时节，民乐、山丹的高山草原上，天蓝如海，心旷神怡，羊群如白云般漫过，牛儿悠闲地吃草，马儿成群地奔跑……壮阔的景色美不胜收。

一道全新的流动风景线吸引着我们的目光。

一列空载的动车组如银梭来回穿梭，为开通前的高铁进行“体检”。

风景线外，武威铁警守护着平安；梦里梦外，引导着我走到他们中间。

困苦的浪漫

大多数高铁都建在人口稠密的地区，城际高铁将城市串联在一起，堪称文明的黄金串线。兰新高铁率先打破了这种规律，它奔驰在旷野上，如同“越野高铁”，充满野性与动感。它要么穿山越岭，神龙见首不见尾；要么彩虹飞渡，高架桥梁凌空跃。

在祁连山顶，登乘动车机头，高铁宛如一条气势恢宏的钢铁河流、一发掠地飞行的巡航导弹、一颗向地平线发出的卫星，带我们奔向远方。兰新高铁，飞架西北，打破时空，“五小时进青出甘入疆，十二小时兰乌朝发夕至”，一千八百公里的臂膀，将西北大地紧紧拥抱。那是《早发白帝城》的意境，这是现在“西北梦”的浪漫情怀。

这越野的高铁，奔驰在广漠的大地上，领略大漠孤烟、长天落日的魅力；感受蓝天白云，清净悠远，风吹草低见牛羊的牧歌风情；体味雪山飞鸿，戈壁茫茫，穿越千里沙漠一白箭——那乘风破浪的劲炫速度。

祁连山系与巴丹吉林沙漠之间，一望无际的酒泉大戈壁荒无人烟，只有低矮的骆驼刺和沙棘星罗棋布，偶尔有骆驼引颈张望，不时有羊群漫过，动车的号角惊醒了旷广的原野。黄羊飞快地奔跑，雄鹰、鸽子迎风飞翔，沙鼠和野兔受惊逃窜。玉门戈壁上，数百平方公里的高大风电塔，像白色的森林，在戈壁上舞动着风能的力量。风区大桥两侧的挡风屏，耸立戈壁的挡风墙，一马平川上的防风明洞，世上罕见——如林的钢柱，连绵的开孔波纹钢板，顶部开放的明洞挡风墙……高铁就是动静相合的流动风景，动车就是一座动态的新城。它越过河西走廊的山山水水，向广袤的新疆奔去——那梦幻的天山天池、大漠戈壁中的葡萄沟、连绵的火焰山、宽广的那拉提大草原、神秘的博斯腾湖……

这层浪漫是乘客的美感、过客的惊叹、游客的叫喊。但是，对于高铁的建设者和护卫者而言却是艰巨的考验。即便在无人的山区也要安营扎寨，但是风高野阔的戈壁却让他们无法驻留。路途遥远，警力、物资难以投送，连最基本的食、住、行都难以保障。

柳沟南派出所就处在甘新两省交界的风口地带，方圆百里没有人家，高铁于是成了酒泉大戈壁的新主宰。仲秋时节秋高气爽，而柳沟南派出所管辖的一百零二公里线路上空却天天沙尘，每天都有四级以上大风，有时甚至达到八级，真是名副其实的“世界风库”。除了高铁挡风墙、高架桥墩、线路边稀少的设备房外，没有任何遮蔽物。在线路上工作的民警，整天风吹日晒，吸沙吐尘，没有水源，吃不上一口热饭。忍饥挨饿还不是最大的困难，时刻面临着脱水才最危险。线路边的挡风墙只挡风不挡灰尘。民警们全都早早到达线路边，清理施工现场，巡查线路护栏隐患，等待联调联试的动车。

夏天的时候，民警们尝试在线路边搭个帐篷守着，好省去来回奔波之苦。但刚把帐篷的两个角固定住，转眼的工夫大风就把帐篷吹到天上去了。千年万年的飓风酷日，塑造了黑戈壁了无生机的景象，太阳将石子晒成黑色，大风将戈壁吹得一览无余。

无边的戈壁远望一马平川，但要走进去却难。任务下达后，民警们斗志昂扬地乘车奔赴现场，没料到一路的颠簸不免让人泄了气。到了晚上，大家疲惫不堪地想在车里歇一会儿，黑夜里纵横跌宕的路把大家颠得如乘过山车。好不容易不颠了，才发现警车陷在泥沙中了——在泥泞的路上推车前行成了家常便饭。他们每天早晨天不亮就从百里外赶来，带上干粮和矿泉水，晚上很晚了变成土人才回去。

只有一个朴实的信念——长久的安全。

只有一个可贵的品质——不懈的坚持。

回家的路途艰难，帐篷也搭不起来，在能避风的地方挖个地窝子总行吧？中午时分，太阳太毒，只好挤在“地窝子”这一能遮日避风的地方，只一会儿的工夫，沙子已经把脚掩埋了。带的饭菜没吃上两口，沙子就来和你“抢食”。干粮加矿泉水成了民警的“戈壁快餐”，胃不好的人肯定吃不消。长期在这里驻守，喝水、吃饭、住宿、巡查的难度更大了。

原本以为戈壁滩上缺乏动物生存的条件，但是有一天傍晚，副所长曹巍带着两个民警巡线过去，远远地听着好像有狼嚎声。曹所长问：“谁的手机还播放狼叫？”两个民警都说没有。

他心里一惊，当意识到险情后，发现退路已被三只狼阻断了。那些绿莹莹的眼睛一动不动地盯着他们，恨不得用眼睛把他们吃了。警车就在侧后方数百米之外，但是民警们无法立即抵达。传说中的“狼区”成了现实的威胁。

大家慢慢地朝警车挪动，狼群也慢慢靠近。夜幕降临，分散的狼群影子模糊了，狼眼如六颗绿宝石，越来越近，摄人心魄。

怎么办？怎么办？曹巍盘算着，手不由自主地伸到腰部，他快速出枪，大声叫喊。大家立即响应，用喊声向狼群示威。但是，那“六颗绿宝石”只稍微动了几下。面对危险，气氛紧张，人反而镇定了。猛然一声令人心惊的狼嚎——这是狼群进攻的信号。与此同时，曹所长手里的枪响了，一声，两声。“六颗绿宝石”不见了。他大吼一声：“快跑，上警车!”

民警飞快地跑向警车，快速上车，打开警灯和警报。光明和正气荡涤了黑暗，汽车前冲的马达压倒了狼群的气势。狼群在车灯前方落荒而逃，向黑沉沉的戈壁遁去。曹所长事后想起来还心有余悸，他肩负着把大伙安全带回驻地的莫大责任。

有了这次的教训，民警们再到狼区巡线就分外小心。但是，他们没有被狼吓倒，久违的英雄气概反而被唤起。之后再看到荒原暗夜深处的绿光，他们反而激动了——为能“与狼共舞”、为能战胜野性而激动。有一天，正在巡线的民警接到铁路职工的电话，正在线路上干活的他们被狼逼进了护栏的刺丝滚笼中。大家争先恐后地去打狼。警车赶到后，两只狼抛下护栏上的猎物，悻悻地走了。被救的职工事后跟大家讲起这次遭遇，感叹地说：“这武威的高铁铁警的劲头儿，连狼都敬畏！”

大家一想还真是，自柳沟南派出所成立以来，面对线长、人少、任务重的重重困难，他们勇往直前、从不退缩。没有正式的办公点，就在布隆吉乡租赁了一间不足四十平方米的民房，六个人挤在一起工作和生活，吃水要到很远的地方运输，菜肉粮要十天补充一次，而且通信十分不便。过去大家上网很方便，有什么情况随时可以打电话询问，上级的指令天天要听。但是到柳沟南后发现，除了战友连个说话的人也没有，如同生活在真空中，大家这才感到信息的重要性。以前大家有个口头禅：曹所长知道！过去曹所长话说多了，大家都说他是婆婆嘴嫌烦。现在忙碌一天回来话也没得说，大家还盯着他问：“所长，不说点儿什么吗？”

柳沟南派出所的民警在恶劣环境中挑战极限，他们认真排查、整治隐患，每天在沙暴中巡查，全身心奋战在武威铁路公安处管辖高铁线路的西大门。面对困难，大家苦中求乐，戏称自己是“高铁仙人掌”——不怕风沙，不怕酷热，哪里需要就扎根哪里。派出所刚刚成立，百事待兴，两位副所长曹巍和边天宝两个多月没回过家，更没有节假日，他们与民警同吃、同住，从细节处提高民警的耐性和斗志。问起所辖的一百零二公里线路的情况，他们如数家珍，还让民警建起电子台账基础数据库，为以后的工作积累了宝贵的资料。他们艰苦奋斗的精神，为高铁的安全运行打下了坚实的基础。

“愿做高铁仙人掌，扎根戈壁，艰苦奋斗，让安全的花儿绽放柳沟南。”这是全体民警的心愿。我听着、看着，热血沸腾，热泪盈眶。我在心里默念着：我的战友，我的兄弟，你们在困苦中浪漫着！你们就是高铁安全的脊梁！

回家的奢望

兰新高铁越过大草原，穿过大雪山，飞驰大戈壁，纵横大沙漠，这杰出的人工景观胜过自然风光。沿线过来，发现生态和环境维护得真好，许多过去没有绿植的地方也随着高铁的建设被绿化了。

在高铁线路沿途，可以看到祁连高山牧场草长莺飞，马儿、牛儿悠闲地甩着尾巴吃草，羊群珍珠似的撒满一个又一个山坡。看到扁都口（山口名）的油菜花沿着山线铺展开来，黄得耀眼，与白杨树、红土山、黄土地、高山草甸、蓝天白云相映成趣。极目远眺，古“丝绸之路”中部繁荣的金张掖绿洲历历在目。自然与人工和谐地融合在一起，被誉为现代“钢铁丝绸之路”的兰新高铁，把张掖民乐县这个没有铁路的山区县直接带到了高铁时代。

从青海省门源县往北，兰新高铁穿越世界最长的高原高铁大坂山隧道群（长十六公里），穿过祁连山脉腹部进入甘肃省，就是古匈奴的发祥地焉支山及山丹草原，山丹军马场及汗血宝马的产地。区间依次分布着大梁、祁连山、小平羌、大平羌、金腰岭、双墩、元山隧道群，其中祁连山隧道两头分别连接青海、甘肃两省，而甘肃省的这一头，就是民乐县。武威铁路公安处民乐高铁派出所就在祁连山边。

祁连山隧道是目前世界上海拔最高、建设标准最高、施工难度最大的高速铁路隧道。2013 年隧道打通后，隧道变成河流了，隧顶“喷淋”，隧壁“瀑布”，地下“涌流”——这亿万年沉睡的大山在源源不断地释放着内部能量，祁连山中流淌着一条人工河，到了严冬又变成了冰洞、冰河，灯火照射进去，宛如水晶洞窟、天上仙府，随光源的色彩变幻着，冰清玉洁、蓝天绿海、金碧辉煌、五彩缤纷，不一而足。隧道建设时使用了世界最顶尖的防水膜，解决了隧道中渗水的问题。

民乐派出所与柳沟南派出所相同的是条件艰苦、交通不便，不一样的是民乐派出所管辖的一百一十九公里线路多处在山区——隧道多，岔道多，平均海拔在三千米以上。由于缺氧，初来乍到者往往水土不服，饭后腹胀如鼓，大脑迟钝得厉害，腿脚也不听使唤……这里有二十多公里的线路处于青海省境内，需绕行至青海省门源才能到达，其他隧道都处在雪山底下，离公路最近的地方也要走十六公里的崎岖山路。

山里面的天气说变就变，一天中就能经历春夏秋冬四季，下雨下雪时汽车就不能进出山区。金腰岭隧道根本无路可走，开展工作时顺着山路拐来拐去，眼看着要到了，就是无法抵达，汽车在迂回，危险又艰难。我深刻地感受到“可望而不可即”这句话在山区的意义。好在山里有施工指挥部和工作区，民警可以住下来，省去天天来回的颠簸之苦。

高山缺氧不缺精神，山区无路就有拓路先锋。武威公安处在民乐投入了最多的警力，轮换进山，民警驻扎深山一周左右轮换一次。各级领导和民警付出的心血实在不少。

山区无路可走，多是险道，民乐派出所副所长宁克军多次深入线路，考察进出山的路径，他走遍了山里山外能过车的土道。他的双手紧握着方向盘，目不转睛地盯着前方，一边开车一边说：“车只要往前走，就是个颠，生理上的牵肠挂肚、头昏脑涨，一会儿你就有了切身体会。”但是他硬是攻克了这个难关，并根据自己丰富的驾驶经验，创新出“M形行车法”，顺利地到达各个隧道施工地点，有效保证了对无人区、高原牧区、高寒区域施工、联调联试的监督。

由于外援警力多，副所长于刚每天的工作不仅是派出所建设、隐患督促整改、协调施工部门那几项，搞好内部协调和后勤消耗了他大量的时间和精力。他每天凌晨3点开始工作，晚上10点前没有合过眼，天天要接打一百多个电话，整个人就是个永动机，只在没电话打来时迷糊一会儿。

我问他回过家没有，他无奈地说："能睡一个囫囵觉就好了，回家就是奢望，这一大摊子事，各忙各的，我抛下谁管?"他的家就在七十公里之外的张掖市，要说车也有、路也好走，但是前脚要出门电话就来了——家有千口，主事一人，许多事他得拿主意。

像于所长这样的情况，在武威铁路公安处九个高铁派出所普遍存在。"越野高铁"穿过高山戈壁无人区，也毗邻人口密集区，还有许多是风景名胜区。仅民乐派出所管辖的扁都口、焉支山、山丹草原风景区就是夏秋旅游胜地，张掖的大佛寺、临泽的五彩山、酒泉金塔的胡杨林、嘉峪关长城、敦煌莫高窟和鸣沙山月牙泉更是游客如织。对于公安民警们来说，游客和摄影爱好者在高铁沿线游览的安全可是个大事。风景和名胜固然美不胜收，但是高铁的建设者和护卫者更美——鸟美在羽毛和声音，人的大美在精神和心灵！

在高铁建设中，武威铁路公安处是兰州铁路局管内最先介入的单位——2012年夏就派员入场。武威铁路公安处民警为保证高铁无患开通，自动充当兰州局（使用方）的施工监理。一次，因护栏预制、安装施工质量太差，民警提出整改建议，施工方检查后接受了整改意见，用推土机一次推倒已安装的水泥护栏数百米。施工部门从此严把质量关，把区间都建成了样板线。事后，施工方感叹道："撼山易，撼武铁公安难；糊弄别人可以，铁路警察不好糊弄。"我们的民警与施工单位干了一年多，硬是学成了专家。

张掖西所和临泽南、高台南、清水北、酒泉南、嘉峪关南、玉门所辖区周边村社较多，社会情况复杂，民警们主动放弃所有节假日，每天或巡线或入村，协调施工单位督改安全隐患，开展社情调查和宣传教育，不断地提高着村民和游客的安全意识。他们严把材料、加工、质量、出场、运输、安装、防护等重点关口，建立了隐患闭环管理、跟踪复查制度，严格复查限期整改的隐患问题，形成了隐患排查整改机制。他们有一个共识：没有改不了的隐患，只有改不了的观念。他们有一个共识：今后的安全靠什么，消除建设中的硬伤，就保证了将来安全的一半。

我们的公安民警，在没人要求的情况下，以安防工程建设为理由就进场监督了。事实证明，这不是多管闲事，这是超越小我的团队意识。北京的几位铁路专家专门下来检查后，竖起了大拇指，说："这是我们查过的建设质量最高的高铁!"

张掖西派出所所长谈晓磊，趁秋季开学前把孩子转学到张掖让母亲照顾，自已则全身心地扑在高铁安保上。张掖西站北面由于征地问题不能做到栅栏封闭，这是谈所长最挂心的事。如果防不住，有人或者牲畜上线，对高铁安全的威胁可是致命的。除了向上面反映尽快解决问题外，越是忙碌，他越是紧盯这个区域，为此没少跟施工单位"纠缠"，最后达成了他们派员专门看守的协议。临泽南派出所副所长王维祖到位时，孩子只有半岁，刚刚学叫爸爸。妻子说："我不拦你，但要常回家看看。"王所长答应得利索，但到了岗位上却无法兑现承诺。他打电话向妻子表达歉意时，孩子还在"爸爸爸爸"地牙牙学语。一次到张掖开现场会，他终于能回家一趟，当他抱起孩子时，孩子看到这个"陌生人"竟然哭着不让他抱，更不要说叫爸爸了。

同为孩子父亲、妻子丈夫的我，感同身受。我仿佛看到，这些热血男儿为了保障高铁的安全运营，抛却对父母妻儿的惦念，舍小家为大家，成为守护一方平安的中流砥柱。

沉默中的明星

为了高原的美梦成真，那些默默奉献的兰新高铁人，包括铁警都是沉默中的明星。与开山拓路、架桥铺轨、引电建网工程相比，长期的安全防范和前期的联调联试，共同构成高铁安全开通的条件。

9月、10月正值中秋、国庆佳节。两个假期中，我们的铁警忙碌得不着家，公安处的领导看在眼里，痛在心里。处领导既要操心兰新线的安全保卫，又要操心正在联调联试的高铁线路。他们反复思考破解警力不足、缓解疲劳的办法。最后决定让既有线及直属所队的警力轮流上线，让大家换换工作环境，体会一下高铁安保的辛苦，以便激发民警的工作潜力。以半月为周期，从干部到民警轮换上阵，硬是创造了联调联试不用外援且确保了安全的历史。处领导也轮流上线，每到一处，他们和大家同吃、同住。每到一起，郭处长就说："我的主要任务就是给大家做好后勤保障，大家的主要任务就是为高铁的长期安全做好试验保障。如果后勤工作没做好，你们尽管说，我们立即改。安全的事情一定要盯紧，要在安防工程建设阶段从根本上消除隐患。"

中秋前后，祁连山中大雪纷飞，宣告山中冬季的来临。在号称"世界风库"的戈壁滩上，沙尘暴几乎天天光临。10月10日、11日，河西走廊从西到东普降雨夹雪，大雪压倒了许多树木，但是我们的民警如青松般在风雪中越发坚挺。

冬季提前到来，联调联试的动车没有受影响，反而越跑越稳。我站在动车的机头上，一股豪迈之情涌上心头，不禁吟诵起《沁园春·雪》："北国风光，千里冰封，万里雪飘。望长城内外，唯余莽莽；大河上下，顿失滔滔。山舞银蛇，原驰蜡象……”气温从摄氏20度左右一下降至零度以下，为高铁站岗的铁警，在风雪中站成一道风景，那是“数风流人物，还看今朝”的风景，那是“你不站岗我不站岗，谁来保卫高铁谁来保卫家”的风景。他们是值得我们赞颂的沉默的明星。

10月份的酒泉，白天骄阳当空、热浪炙人，晚上寒气阵阵、冷风刺骨。民警们经常凌晨两三点就要上岗，往往是凌晨出门穿着棉大衣，10点多开始就只能穿短袖衫了。约三分之一的线路在无人的戈壁滩，清水北、酒泉南、嘉峪关南派出所的民警，经常在无人区一待就是十七八个小时，给养是个大难题，跑上近百公里路，盒饭送到岗位上，都成冷菜硬饭了。经常凌晨上岗，吃不到早饭，大家只能自己带点儿干粮凑合着，时间紧张干脆就不吃了。

民警许英的妻子已有八九个月的身孕了，当得知他调到酒泉南高铁公安派出所工作时，小媳妇高兴了好一阵子。她觉得亲人终于回到身旁了，终于有人照顾她和即将出世的宝宝了。可没过几天她就发现，丈夫回家的时间比以前更少了。虽然单位离家只有几公里路，但经常是十几天见不到他的身影，偶尔回家一趟也是吃顿饭，坐一会儿就走了。她理解他的敬业精神，期待高铁安全开通的那一天，因为许英说：“到了年底，高铁通了，我就可以多陪陪你们了。”她这样跟许英开玩笑：“你现在和我就像亲戚，时间长了买点儿东西来看看我就行了。”

许英何尝听不出妻子玩笑中的幽怨，可他是内勤兼司机，紧张的工作和有限的人力不允许他每天陪着她。9月24日凌晨1点多，妻子给许英打电话说肚子疼，她好像快要生了。那时他还在单位里加班安排第二天大家的工作岗位，接到电话后，他赶紧将手头的工作交代给同事，向所长告假把妻子送到医院。25日小宝宝呱呱落地，30日医院安排出院，许英将她们送回家就回单位了，照顾妻子和小孩儿的任务交给60岁的母亲一人承担。特殊时期，许英觉得没有尽到做丈夫和父亲的责任，他只能在心中对母亲、妻子和刚出生的女儿作出承诺：以后一定多陪陪你们！许英说："既然选择了警察这个职业，就要无怨无悔地为之奋斗；有幸碰到了高铁开通，就要为长久的安全奉献。"

嘉峪关南站派出所所长王戈的女儿被山东某高校录取，联调联试期间正值新生报到，王所长为了节省时间，自己掏钱乘飞机将女儿送到学校后立刻返回嘉峪关投入联调联试安保第一线。在飞机上他对女儿说："今年春节你回家就可乘兰新高铁到嘉峪关看望爸爸了。"

有的时候，人越忙事越多。王所长刚在岗位上几天，有一天晚上，他接到姐姐的电话，说 88 岁的老母亲突发大面积脑梗，生命垂危。他连夜赶回武威的医院重症监护病房，陪护三天，聊尽孝道。母亲还没脱离危险，他只好含泪将母亲托付给哥哥、姐姐，自己返回了嘉峪关，投入到紧张的联调联试工作中。他带领民警走村入户、调查宣传、帮带新警、督改隐患、闭环管理。"为了高铁安全，掉上几斤肉也值得。"王所长这样说时，我看到他已从过去的白面书生变成了镇边大将。

有国才有家，有大家才有小家，小家庭的事情先放一放，大家的事情才会有平安。不是说铁警的风格有多高，但我们真实地感受到铁警奉献的不仅仅是辛劳。

有人说：你们警察的工作是无用功。我可以坚决地告诉你：只要是带着责任的工作，没有无用的，说无用的人只能说明他目光短浅、见少识窄！

民警雷天雄今年已经 27 岁了，别的小伙子到了这个时候，都是陪着女朋友逛逛街、吃吃饭、聊聊天、看看电影，可是他不能，排查隐患、盯控施工、社情调查、巡逻卡控，一项项工作，哪有时间考虑个人问题，他甚至没有处对象的时间。家人经常催着他赶紧领个媳妇回来，他一遍又一遍地答应着，一遍又一遍地说话不算数。后来他甚至不敢接家人的电话，因为"工作太忙"这个理由已经说太多次了。但在工作上，雷天雄从来不会说话不算数，领导交办的事项、自己的分内工作从来没有拖过一次，哪怕不吃饭、不睡觉也要将工作干完。徒步巡线排查隐患，他的脚磨出了水疱、额头晒脱了皮也不会吭一声。他单薄的身体里有一颗热情似火的心，一颗默默无闻奉献青春的心，他用自己的实际行动保卫着高铁联调联试安全，践行着自己的入警誓言。

民警的奉献来源于觉悟，也来源于干部的带头，更来源于临时党支部的凝心聚力作用，开展各种主题的竞赛活动，评选“每周一星”。QQ、微信、短信平台成为狭长战线上的宣传阵地，大家在上面获取上级的要求、明确联调联试的计划、谈论工作的酸甜苦辣。大家就有一个目标：稳定治安，消除隐患，安全达标，保证长远。

平安的风景

据资料介绍：兰新高速铁路自兰州西站引出，途经青海的西宁，甘肃的张掖、酒泉、嘉峪关，新疆维吾尔自治区的哈密、吐鲁番，引入乌鲁木齐站，线路横跨新疆、甘肃、青海三省区，全长1776公里，其中甘肃境内799公里，青海境内268公里，新疆境内710公里。线路为I级双线，设计时速为线下350千米/小时，线上200千米/小时，预留进一步提速的条件。在试验阶段，最快要跑出250公里的时速。

这修建了将近五年的高铁，眼看就要建成了。塞外的胡杨林在迎接，号称第一雄关的嘉峪关在眺望，世界文化遗产敦煌在祈祷，亿万年戈壁荒原在涌动，多少人在翘首以盼……狭窄的河西走廊的客货运能力将全方位提升，古丝绸之路将再度繁荣……

安全是高铁永恒的生命线，任何一个看起来不起眼的小问题，如果不及时消除，就是高铁安全的大威胁。我们可以试想：飞机场要利用噪音清场驱赶鸽子等飞禽，这些动物一旦被吸入发动机就会造成机毁人亡的事故；高速公路的行车时速规定在120公里以下，对线路防护的要求也很高。兰新高铁时速在200公里以上，而且车辆连接的长度相当于近百辆小汽车的长度，这就是一座小型的高速流动的城市，对于设计技术要求高，对于安全运行的要求更高。

2014年9月2日，兰新客专接触网进行热滑试验，联调联试正式开始，高海拔、大坡度、小曲线、多桥隧的兰新高铁要进行全面体检，安全开通运营指日可待。兰铁公安的联调联试安保战斗也正式打响了。

超前介入，督改隐患，将安全隐患消除在建设期间；静态查验，对标盯控，把前期的问题提交专家队伍，使其有据可改；发动群众，掌控治安，奠定物防、技防、人防基础。一桩桩、一件件，做起来都不容易。武威铁警，走在了验收者之前，付出了一年多的辛劳，终于等到了联调联试。虽然工作强度超出之前的十倍，但是一想到即将开通的高铁，这支队伍立马意气风发、斗志昂扬。

设在嘉峪关公安综合楼的武威联调联试指挥部办公室，于每日18时至22时汇总一天的工作情况，通报次日试验计划和车点，传达会议要求，安排添乘和各所工作。每日早晨5时前收集所有高铁公安所报告，确认夜晚施工停止、白天全日停工的情况。之后报告兰州铁路局联调联试指挥部，确认施工停止，可以试验，之后按计划派员分东西两头添乘确认车，会同各单位技术人员再次确认施工停止、线路平安、技术状态良好、可以试验。接着试验的动车载着检测仪器、专家和技术人员在线路上来回穿山越岭，监测机车、车体、电力、线路、信号在各种条件下的工作状态，获取技术数据，为开通运营提出技术要求和信息支持。添乘动车的民警负责参与人员资格审查，发现安全隐患，查看线路治安状况，线路警力分布和工作情况，确认动车运行途中发现的安全问题，反馈到指挥部，指挥部每日分早、中、晚、夜，在路局汇总、通报、安排会上交流情况，提出整改建议。重大安全隐患随时报告指挥部后，指挥部领导立即通报相关公安所领导赶赴现场确认并督促整改，领导要赶赴现场查看整改情况……

联调联试到开通运营，武威处的领导们轮流在指挥部办公室带班、添乘、现场检查、内外协调各项事务，公安局巡视员兼联调联试办公室主任就驻扎在嘉峪关，每日参加路局的会议，协调工作，在隐患督改时绝不含糊，排查出各类隐患 1523 处，销号整改 1512 处，余留 11 处隐患最后已经整改。我们高标定位、高端起步、积极介入，督导建成了全路一流的高铁安防设施。我们的民警以自己辛勤的汗水，赢得了最广泛的支持和信任……

两年多寒来暑往、夜以继日的艰苦奋斗，一千天栉风沐雨、披沙冒雪、连续苦战，铸造了钢铁般的安全保卫工作。青山绿水间，蓝天白云下，油菜花海边，黑河党河畔，高山草原上，雨雪纷飞中，雪岭丹霞边，沙尘风暴内，戈壁荒原外，烈日汹汹里……无一处没有我们民警的影子。他们不是观光的游客，他们守护平安，是“平安的风景”！

2014 年 12 月 26 日，全面铺展的“平安风景”，为严冬的大地增添亮色。随着一列列动车从兰州西客站安全开出，兰新高铁全线安全开通运营。

站在黄天黑地间

沙尘暴

柳沟南的天，只有小半年的时间是蓝色的，更多的时候是黄色的，展现了卓尔不凡的西部本色。柳沟南的地，是一望无际的黑色戈壁滩，在亿万年的飓风烈日的吹晒下，大地表层的沙土被吹走了，露出的鹅卵石被晒黑了，平坦无垠的原野上，黑色展示了摄人心魄的魅力。风尘中，似乎听到丝绸之路古战场的金戈铁马，似乎看到历史深处排列的彪悍兵士，黑压压地摆开了战场。

正是春寒料峭的时节，柳沟南难得的好天气。那片覆盖到视野之外的蓝天，如同童话中的莹蓝，令人心旷神怡。空气里有种乍暖还寒的况味，带着沙尘的气息。

春天正和冬天作战，暖气流正压缩着冷空气，春风最终裹住寒风，要温暖整个世界。

但是，万里的晴空并未持续多久，先是西北边天空浑黄了。接着，遥远的旷野上，从天到地，矗立起一道尘土的边墙，如同一张巨大盾牌，整齐地向前推进。光线如同碰到了墙壁，缩紧又反弹回去，不时有一面蒙着沙尘的黄镜子在闪烁。

天气预报说：甘肃酒泉西部地区，有八级以上的沙尘暴。

灰黄色的巨龙，说来就来了，从天边飞来。风头上沙气旋飞，远远望去，有无数个旋涡从天到地旋转着，不断吞噬又不断分裂着，怒潮的号角，凌厉的气势，飞沙走石，所向披靡。沙柴在瑟瑟发抖，旷野在战栗，飞沙走石，仿佛把世界都吹走了。

细细的龙尾倾斜着搅动高空的气流，把地面能卷起的东西都吸了上去，天上似乎有不少黑洞，用一根柔软的大吸管要吸收地下的“精华”；低空横飞的沙气旋涡，急速流动着形成了“风暴眼”。沙龙吞噬一切的恐怖气势让人不寒而栗。

但是，有一列漂亮的白色列车，却破开尘土的边墙，自西向东朝“天下雄关”嘉峪关奔去。有几辆警车和警队，却迎着沙尘风暴分布在涵桥边、线路要害处。在这人迹罕见的地方，连动物都销声匿迹，天地间只有风沙的合唱。然而，高铁铁警却坚守在那里。兰新高铁，豪迈地迎来了开通后的第一春，接受了大西北粗犷的洗礼。

风暴将高铁防护网上多处刺丝吹落，掀起了安北警务区彩钢板房的房顶，板房被大风扭成了麻花。吹走的房顶有的匍匐在黑戈壁上颤抖，如同吓破了胆的沙鼠，不时向前移动一下、翻滚一下。

有一块彩钢如同长了腿，在戈壁滩上飞旋。它穿过高铁高架桥，撞在桥墩上变了形，在飓风的锻打下，硬生生地被拆成不规则的两块。其中一块被大风赶了十几公里，跑了半夜，来到了兰新普速线路上。最后它翻过护网，飞到柳沟站内，精疲力竭地扒住钢轨喘气，将一列货车于清晨挡停在K937＋970米处……

这是2015年3月31日、4月1日真实的一幕。柳沟南的强沙尘暴风力达到10级，能见度小于10米。但是为了高铁的安全，29名民警和辅警都出动巡逻去了。责任心救了他们的命，但返回后铁板房被飓风摧毁，他们成了无家可归的孩子。

柳沟南派出所副所长边天宝带着民警，拉着手匍匐在野外的背风处。风头过去后，风速小了许多，但要起来行走却不行。大风有一双使人分散的魔手，吹着你不停地奔跑，如果在奔跑中走散将会是致命的危险。

出来时不远处的草垛已不见了踪影，可能已经成了风暴的食物，现在安全的地方就在背风的野外。在这一个多小时中，民警们听着风沙的合唱，变换着姿势抵抗飞蝗般的石子的袭击。

风力在逐渐减弱，视线慢慢地明朗，战友们慢慢睁开眼睛，见到的都是“出土文物”——除了眼睛的亮色，从眼睑、口罩到全身，没有一点儿活人的样子——手脚已经被沙子掩埋，口罩对着的地面有一点儿湿气，最难受的是听力似乎逐渐失灵。一动一抖，扑落的沙子中有数道细细的沙线流淌——那是“填满耳朵的音乐”。

总算消停了，大家喘了口气，想着数百米之外的警务区是否还在。近在咫尺的高铁线，有动车风驰电掣地掠过，对讲机中报告着平安，这才是最美的乐章。

大家拖着疲惫不堪的身子回去，担心的事早已发生。他们将警务区贵重物品搬出毁坏的板房，放置到安全之处。边天宝与大家全面检查了旁边逃过一劫的板房，确认板房牢靠后，吩咐大家进去歇口气。他立即向公安处汇报情况，向困在中途的主管副所长曹巍叙说了灾情，躺倒就睡着了。

梦里，柳沟南的黑戈壁绿了，没有风沙了；梦里，大伙儿正在蓝天绿海下肃立在高铁线边，看着银白色的“利箭”疾速飞向远方；梦里，回到家里正和家人吃饭，谈笑风生……

手机急促的铃声打破了美梦，接到报警的边天宝，开着警车朝着约六公里外的柳沟站驶去。风是小了，但是“猎豹”不敢疾驰，稍微一快，就觉得右边两个轮子在“飘”——安全最重要，再慢也要抵达。

位于兰新普速线的柳沟站，本不归高铁柳沟南所管辖，但是管辖的疏勒河所离柳沟站却有50多公里。

怎么办？还是去吧，铁路安全的事都是大家分内的事，联勤联动机制的作用就是就近支援。

他带着民警询问了机车司机情况，给挡停列车的板房铁皮拍照。后经对比确认，这铁皮的来源就显得清楚而可笑了——他感叹着风暴的威力！

风虽然小了点儿，但看起来没有停下来的意思。守住阵地太重要了！怎么守？曹巍已经在电话里说了：“不能让大家闲着，闲着产生恐慌、恐惧，人心就散了。”公安处领导也着急：“支援的力量随后就到。”

边天宝无奈地想：“老哥啊，这么大的事，这么大的责任，我真有点儿顶不住了！”

想归想，真不能闲着。他立即打电话安排了任务，排查柳沟站、安北站、九上、草湖沟铁路附近彩钢房的隐患，并与彩钢房出租人联系，让车站和工区的人员都参与进来——高铁无小事，高铁的事不能含糊。

他正带领大家加固警务区板房、清理被大风掀翻的板房板材时，曹巍站到了他旁边——他自己从玉门下了动车，开车从风暴中跑来了。两人相视一笑，看到彼此灰头土脸得就像刚从沙土中钻出的沙老鼠。

曹巍和大家互道辛苦后，自豪地说："我们柳沟南所破纪录了，用实际行动向'沙尘天气环境恶劣，没人监督能不上线就不上线'的错误思想宣战了。我们需要一种'危难时刻显身手、关键时刻挡得住、坚持坚守能担当'的铁警意识。"

口号不仅是口号，而且是行动的号角。简单分工后，曹巍立即带领民警辅警巡线去了。边天宝终于能借做饭机会放松一下了。

巡线回来后满身都是沙子，大家简单地抖抖，抹一把脸，掀开倒扣的盆子吃饭，五分钟就结束"战斗"。吃得慢了沙子就会"抢食"，六分钟肯定硌牙，十分钟就没法下咽。饭吃完了，汇总情况时，大家笑了：那码放在窗台上的口罩、面罩、帽子、衣服上全都是土，但是民警、辅警战胜恶劣天气的信心却倍增了。

曹巍说："警车巡线有处待，高铁线路时刻有人管，时刻才能有安全。恶劣天气中巡逻管控工作的重点，在桥涵、安全门、疏散通道等部位，要对车辆往来频繁的线路涵洞采取阶段性或者区域性的交通疏导。沙尘天气能见度在50米以内的时候，各种车辆特别是大型货车一律禁止通行；能见度在50米以上的时候，我们要安排警力引导车辆通过。所内值班人员要用'四电'设施内外监控观测线路情况，主动与车站、车务部门联系，加强情况沟通和相互配合，严密掌控高铁动车组列车的运行信息，越是恶劣天气下越要上心。"之后，大家依次通报情况：发现隐患12处，多数为大风卷落的刺丝滚笼，民警已简单加固后向工务部门下发了整改通知书。工务部门已上线，检查修复新旧隐患，线路安全了。

大家还关注了风暴中心区域的受灾情况，与车站、工务等部门加固了站区的16处停车牌、路灯及线路指示牌设备。

紧张的战斗后，大伙儿精气神真好，没有碰到困难的沮丧，只有取得胜利的振奋。有的民警还在想：原来工作还可以这么干。

民警孙志轩给大家讲了今天巡线的所见所闻：有个老汉赶着一群羊，有百十只，看见沙尘暴就赶快向背风坡跑，跑得快的羊过坡后卧倒围在一起，跑得慢的就惨了，过坡的瞬间被风直接甩到背风坡几十米开外。还有几只羊被风头赶着跑，不是伤了就是残了，另有几只，我们在十多公里开外才找到，羊听见了人声就咩咩地叫开了，呼唤你去救它。

这时，有位民警吟诵道："我知道，我们是戈壁滩上的风车，风越大我们越顽强，越发挥自己的能量……"

曹巍望着他们，不禁感叹：有激情，有斗志。年轻，真好！

草湖沟

风沙合唱后，清澈的草湖变成了灰色，落下的沙子把湖水染浑了，风头过去的湖畔湿漉漉的，那是风暴走过的足迹。

草湖是柳沟南黄天黑地间的一个小水库或小湖泊。在苍凉的黑戈壁上，因其独特的蓝色或灰白色，抬眼就可望见。但她与黑戈壁上的风电塔不一样。

站着的风电塔可以判明距离和到达的时间。而草湖是躺着的风景，走近她没有一小时不行。想想在荒凉的地方，一有水定然就可构筑一个世外桃源。可是想法也与实际误差很大——草湖沟的水是咸的，不能喝，洗脸洗澡也会留下一身碱。湖边只生长几种耐碱的水草，只有在夏秋才能见到几点绿色。

车在旷野不能疾驰，守着湖水没有水喝。这就是草湖沟警务区的现实。警务区借用草湖沟这个名字，只反映大家对美好湖泊的向往。

实际上草湖沟距柳沟南站 40 公里，离最近的村庄仅 0.5 公里，它算是柳沟南派出所建在有人区的居点，我们说它是建在高铁线路上的一个战斗堡垒。

建立之初，民警来到这里，他们说："白天的窗外是戈壁荒漠，一眼望去黑得让人绝望，夜色凝固了荒野格外的寂寥，静得听得见心跳，外面黑得没有希望的火光，人显得多么渺小，寂寞是深藏在内心最可怕的敌人，荒漠戈壁中的越行站，注定了它的寂寞。"

在这种环境工作，人是需要一定精神的；在这样环境把工作做好，人是需要境界的。就三个民警十个辅警，要开展工作真不易，要控制好高铁线周边也不易。

群众永远是我们公安工作的有生力量。线路周边是移民乡，有交错杂居的汉、回、东乡族，民警主动与腰站子乡政府、派出所、武装部、村委会沟通协作，成立了草湖沟巡防圈，互相通报线路治安情况，实现铁路与社会防范的无缝对接。派出所定期召开联席会议，及时掌握辖区施工动态及线路状况，将情况及时通报给警务区，施工单位遇有可疑情况及时汇报，动态用警、联防联控、视频巡控与实兵巡控高效互补，"一日三巡"提高了覆盖，"三个时段"有了针对，错时巡防、重点巡防、往返巡防简单几招，线路安全控制住了。

配齐配足工作和生活设施，满足民警、辅警的基本需求，建立辅警召回制度，将当月考评中排名最后的三名辅警召回派出所，开展为期一周的集训，达到工作"心中有数一口清"的效果，返回后工作起色大了。简单几招，队伍建设抓上去了。

轮训民警杨在川还想出了一招儿，辖区群众尤其是年轻人使用微信较多，注册建立"草湖沟铁警"公共微信号，添加了沿线群众 90 余人，通过微信平台辅助线路防控。借助日常巡逻之机，杨在川通过微信"附近的人功能"，广泛添加沿线群众为好友，每日向他们推送宣传资料，实现了全天候、全覆盖的护路宣传，解决了传统的宣传很难覆盖年轻人的不足，不但使接收的群众受到了教育，而且发挥了他们的交互宣传作用，确保线路安全的绩效明显，完成等量工作耗时与警力投入的比例同比大幅下降。

他还在工作之余通过微信转发务工务农、天气预报、耕种技巧等便民咨询，了解村民的诉求，进一步拉近了警民关系。小处着手主动作为，区分层次抓整改，明确了风险源，区分了隐患性质和层次，做好了隐患排查整改、整体防范工作，做到了小微隐患即时改、一般隐患跟踪改、督导加强彻底改。简单几招，提升了各类线路隐患的整改率，风险可控了，安全管住了。

草湖沟，戈壁滩，越行线，高铁的堡垒。

柳沟南，大风区，新农村，塞上的长城。

高铁的步伐培育了人，动车的感召锻炼了人。

在我们惬意地乘坐动车，尽享“大漠孤烟、长河落日”美景时，感受“千里西北一日还”的快捷时，我们知道：有了铁警，高铁安全如铁。

我们知道：钢铁怎样炼成，安全就如何铸造！

我们还知道：兰州局有个柳沟南，有个草湖沟。

西子湖畔的温暖警营

北国的正月还封冻在严冬里，南国杭州已到了万绿千红的时节，两天的行程如同在时光隧道中穿越，我再次出现在西子湖畔，感受杭州的美，也感受杭州铁路派出所警营的温暖。我吟唱着进入杭州："北国严冬寒，杭州花正开。春天在哪里，自由春风吹。"我要找到民心和警心的交集点，对铁警和战友的热爱，召唤我又来到了他们中间。

锦旗百面不如旅客的一票

杭州站因为治安好、服务好，受到了人民群众的称赞。2015 年 11 月，浙江省公安厅将遴选出的优秀基层公安所队放在互联网平台"民生66”上展示，通过投票测评民心。杭州站铁路派出所得票名列前三。他们在候车室设立了民意征求栏，火车站候车的旅客就自动投票了。全路多地的候车室里，给杭铁所投票成了一道别致的风景线。敢于亮相，亮丽展示，杭铁所表现出了自信。

1. 误解变成感激的故事。2013年国庆节前夕，杭铁所值勤民警骆剑虹发现一个背包遗忘在安检仪边，检查时找到了失主的联系方式。骆剑虹去电说：“钱先生，你在哪里？你丢了包，到火车站候车室公安值勤点来领取。”失主说：“我没丢东西，要真丢了，你拿去用好了！”民警反复打，失主反复说，后来索性不接电话了。

20分钟后，失主发现包真的丢了，就火急火燎地跑来，一个劲儿地感谢、道歉：“要上车才发现包真的掉了，感谢杭州站的民警，太不好意思了。你们给我打电话，我还当作是骗子。”30出头的钱先生是温州乐清人，在太原做服装生意，那天来杭州签约很顺利，时间也很紧张，进站前买了份盒饭，准备路上吃，他行李少，就两个包，结果安检的时候，想着其他事情，就把背包忘了。

他对看热闹的旅客，语无伦次地自嘲：“女民警打电话说自己是火车站派出所的，问我是不是掉了东西。我很确定这是骗子的伎俩，这种打电话装公安骗人的，媒体报道过好多。现在想想，真是糊涂，应该先检查下行李的。我当时还有点儿来气，心想这骗子居然敢骗到我头上。我不该冷嘲热讽，我不该挂了电话。包里有我的合同、所有证件、银行卡、现金，还有我买给老婆的两个金手镯，财物总价2万多……”

旅客们哈哈大笑，有人还逗他说：“你不是喊着不要了吗？”女警骆剑虹出来解围：“车快到点了，不要误了车。不管怎么说，钱先生对电话诈骗有很强的防范意识，还是值得鼓励的。要不是挎包里面证件很全，还有不少财物，要不是里面有一张太原市某4S店的车辆维修清单，上面留有客户信息，我还联系不上他呢！不要说你不信，我照4S店那张单子上的维修号码打过去后，他们也不信，还挂我电话。”千恩万谢中，旅客们踏上了温暖的行程。

2. 站警乘警联动寻找。2014 年 1 月 3 日傍晚，杭铁所民警接旅客吴宏报称：在杭州站五号口进站时，他的一个黑色双肩背包可能被其他旅客错拿了，留下的是同色双肩背包，里面只有些生活用品，而自己的包内有笔记本电脑两台、本人护照、现金、黄金挂件等许多物品。

民警马上赶赴现场了解情况，从遗留的包中寻找拿错旅客的线索，但是没有发现。民警在视频监控中查看当时的情景，终于找到一男一女，在安检时动作快了一下，随手拎起包就进站了。经过监控的画面，民警在站内继续寻找，发现他们已在 18 点半通过五号候车室上车了，屏幕显示了上海南—衡阳的 K759 次列车，只有车厢号无法确定。

民警马上联系 K759 次列车乘警，通过微信将错拿包的旅客照片传给了乘警。看到乘警兴师动众地寻找，那两个年轻人还在看热闹，没想到乘警发现他们就笑了：“是不是拿错包了？拿下来看看。”他们从行李架上取下包后登时傻了——一样的包，里面的物品却出奇地“升级”了。

旅客们也在听着他们的讲述：“包是一样的包，我们的包内就几件衣服和生活用品，过了安检我们随手提上就进站了，上车随手一放，就没有管过。真是没想到。”乘警立即联系前方车站公安所，把包交由衢州站值勤民警，第二天通过 K210 次列车将包带回杭州站。而拿错包的旅客的东西次日交 K759 次列车带到衡阳。失主吴宏接到杭铁所的电话后，不知有多惊喜！

3. 扶老携幼的故事。2015 年 2 月 26 日下午，民警余鹏接到 75 岁的老人彭玉英求助，她在候车时将行李交给陌生旅客看管去了卫生间，出来后，她找不到那个旅客了，装有近三万元现金的包裹也丢失了。失主年事已高，很难说清楚事件的细节。民警组织力量在候车室内反复寻找，同时调取视频监控，但没有找到。他们安排老人在候车室等着，给她买了水和吃的，安慰说一定能找到的。他们草拟了寻物启事在站内广播，向各次列车乘警和车长询问，但是一直没有消息。傍晚时分，客流渐渐地减少，民警巡视到第六候车室时，奇迹出现了——一个包裹静静地躺在地上。民警确认系无主物品后，刚拿过去，彭老太太就扑上去："我的命根子啊！"包裹完好未动，其中的28300元现金分文不少。原来，老人从洗手间出来后，走错了方向，将第六候车室和第四候车室搞错了。车上寻找的民警传来消息："那个看包旅客等着老人半天不回来，自己坐的车都放行了，她想不就一个破包裹嘛，人都不会捡的，就放在第六候车室原来的座位处，疏忽了向工作人员交代。"他们将老人送上了后面的列车，交代车长、乘警照顾她，又给老人的儿子打电话做好接站。做好这一切，他们下班时已经是晚上11时了。

2015年2月24日上午，杭州站迎来节后返程客流高峰。10时左右，杭州所接到旅客报警称：在南票厅买票时孩子不见了。在岗民警立即分两组搜寻，由葛海泉、何志坚、陈劲儒组成一个组在站区内部进行搜索，寻找落单的小女孩；由邵京和辅警在监控室调取监控，搜寻小女孩的踪迹。监控显示，小女孩跟着父亲在南票厅买票时，因为排队时间较长，便跑到一边去玩耍，离开了票厅，之后便淹没在人群中。邵京分析小女孩不会离开南票厅太远，便组织力量在票厅附近寻找，最后在南钟楼下找到了她。民警牵着她的手到了进站大厅，小女孩的父亲满头大汗地跑来，一把抱住了女儿，动情地说："要不是警察叔叔，今天失散了，这个家也就散了。"

第二天，所长钱建革就组织民警在候车室开展了主题为"大手拉小手，走路不怕丢"的宣传活动，温馨提醒旅客千万不能丢了孩子。民警劝导活泼乱跑的孩子出门在外要紧跟父母，不要一个人玩耍，容易走丢，也教育家长时刻牵好孩子的手——丢了孩子可就丢了幸福。从此，“大手牵小手”的活动就成了杭铁所的常态。

无论是春运还是暑运，杭州站旺季时日均到发旅客十多万人次，杭铁所都把自己细小的关怀送给旅客。顺利上车，平安到达，件件小事汇成江河，献出的爱心丰富着杭州美丽的风景。每年的暑运，青年学子大批回乡，“小候鸟”欢欣鼓舞地传送着杭州铁警的温馨关爱，他们开通绿色通道，投身于服务“小候鸟”的工作中，每天的客运高峰时段，进站口、安检口、候车室，到处都有护送和宣传的民警，家长们由衷地感慨：孩子到了杭州站，放心！

4. 绿色通道传送爱心。57 岁的林先生 20 多年前患了强直性脊柱炎，2015 年 8 月 9 日晚上不慎摔倒，造成颈部二椎骨折，专家会诊后，建议到北京大学第三医院医治。当时林先生的头颈被支架固定，只能平躺，既无法登飞机，又不能坐汽车，去北京只好乘卧铺列车。林先生的亲友王先生抱着试试的心态，向杭州铁路警方求助，没想到很快得到了答复：铁警和车站将为他们开辟“绿色通道”。杭铁所领导为他们规划了乘坐的车次和时间，进站路线，报告上级批准后，准备在确保安全的前提下，安排提前进站上车。

8 月 20 日上午杭州电闪雷鸣，下午 3 时起，下起倾盆大雨，天气的突变给绿色通道设置了难题。副所长刘荣海打电话告诉他们路上安全最重要，不要着急，随时为他们准备着。正在雨中赶路的众人心里很感动。但是令他们意外的是，救护车开到杭州站前必经路口时，有两个民警立在风雨中等候着他们，引导他们到达指定的进站口，并配合家人麻利地把病人抬进候车室。

杭州铁路派出所所长也来了，车站的值班站长也来了。安检、验证、查票、指引、打伞、上车，他们有条不紊地指挥着，女警徐欣洁、骆剑虹护送担架上的病人，候车的旅客自动让开了道路，排着护送的长流，融进了人们多少爱心。手机在雨中闪响，一条条微信发向网络，宣扬着社会的正能量和杭城铁警的文明。

但是担架太长了，进了车门，转不进车厢，更不用说进铺位了。怎么办？医生建议用随带的连接支架，将林先生的头颈与上肢体固定，抬下担架移入卧铺，再拆下支架。列车长和列车员引领着，民警们抬让着，整整一个小时，才把病人安顿到铺位上。细心的民警又特地叮嘱列车员，得到的答复都是暖心的行动。列车长主动联系旅客，将林先生的家人调到同一车厢内，方便随时照看。列车缓缓启动了，Z10次列车满载着爱心向北京方向驶去。

杭铁所就是用这些故事作为参加浙江省公安厅2015年度“温暖警营”活动的介绍的，这些故事让旅客感同身受，每一票都代表了群众的呼声、人民的认可！杭铁所是唯一入选并被命名的铁路公安基层所队。

2016年春运首日，我感受了杭铁所的爱心行动。“铁警送福·平安一路行”祈福活动感召着人心，30多名民警分布在进站大厅和各候车室，两小时内就收集旅客新年愿望一万余个，并由反扒民警现身说法，现场为旅客讲解旅途中的防盗知识，回答旅客的疑问。有了他们传授的爱心技巧，旅客如同得到灵隐寺的护身金佛，多了份放心，旅行得开心。

杭州是旅游胜地，温暖警营首先温暖了民心，民心也温暖了警营。而杭铁所这个为民服务的窗口，仍然以他们的热心服务于每一名群众。面对无数的锦旗和表扬信以及网上52.6万粉丝，杭州铁路公安处政委说：“锦旗百面不如旅客的一票，表扬信千封不如老百姓的真诚点赞。”

守护平安是我们最大的责任

毛泽东同志在给雷锋的题词中说：一个人做一件好事不难，难的是一辈子只做好事，不做坏事。我们是不是也可以这样想：一个单位的一个人坚持做好事可贵，更可贵的是全所都从不同层面做着好事。作为铁路人民警察，守护旅客安全，打击违法犯罪，是执法为民做好事的主要工作。

杭铁所治安刑警大队民警严湘琳就是个典型，他长期奋战于反扒、破案一线，工作中他有个“瞎琢磨”的爱好和“刻苦的钻劲”。他练就了一双识别犯罪的火眼金睛，审查中有一颗克敌制胜的耐心，追踪中他有一身有勇有谋的胆识。他和战友们破获了大量案件，多年来挽回旅客财产损失50余万元，他是杭铁所当之无愧的“查缉、审查、追踪专家”。2016年春运首日，他带领助手连续工作十余个小时，24小时内快速破获春运第一起重大旅财被盗案件。1月23日晚，杭州所接到一起报警：旅客刘登红于当晚9时30分左右，在杭州站进站口被盗一部价值5500元的苹果手机。杭铁所第一时间组织治安刑警大队民警分析研判，调取视频监控、查询轨迹，迅速锁定了嫌疑人林某，并发现林某去年在杭州市西湖区作案并被判刑拘八个月，三个月前刚刚刑满释放。通过案情研判，判断林某会利用春运期间杭州站客流较密集、旅客行李较多等情况再次作案，于是部署治安刑警大队民警在杭州站各主要部位便衣巡守。24日晚8时左右，嫌疑人林某果然再次出现在进站口作案，被守候民警一举抓获。

2014年7月23日，杭州站附近一间小旅馆内发生了一起麻醉抢劫案件。受害者是一对外地来杭州的父子，两人常年在外打工，最近有人给儿子提亲，要求彩礼3万元。哪知，相亲时喝下一杯咖啡后，父子俩便不省人事，3万多元血汗钱鸡飞蛋打。诈骗和麻醉抢劫，案情重大，严湘琳受命于紧急，他冒着摄氏35度的高温，实地察看了杭州火车站周边一公里内所有犯罪嫌疑人可能的逃窜路线，同时调阅大量视频监控，分析嫌疑人的去向。经过一昼夜的比对，最终确定了嫌疑人。随后，他带领专案民警于10日内连续辗转杭州、湖州、扬州、郑州等地，行程2000余公里，终于2014年8月3日，在河南省林州市将犯罪嫌疑人抓获。

初识反扒高手严湘琳比较有戏剧性。我在候车室来回走动，感觉总有一双眼睛盯着我，但我不知是敌是友，我找不到他。一个不小心的碰撞，我们同时从不同角度抓住了对方，但是他抓住我的手很结实、很温暖，我抓住他的肩膀他一溜滑就脱开了，多年的感觉提醒我，只有专家一样的民警才有这样的身手。他握着我的手说："领导，来了也不招呼一声，地下有水，小心滑倒。"他犀利的目光很友善，他偏黑的皮肤很阳刚，他一米七的个子很利索，他匀称的身材很精干。"你是?""严湘琳。""久仰。"旅客们莫名其妙地看着我们，我们亲热地拉着手，惺惺相惜。如同电视剧的镜头，我的面前出现了一排字幕：严湘琳，48岁，2011年调入杭铁所，治安刑警大队民警，杭州铁路公安处第一反扒能手。业务精湛，破案神速，常年风吹日晒，偏黑皮肤，眼神如猫，人称"黑猫警长"。

一人能干不成林，大家会干才最好。杭铁所是一个团结战斗的集体，陈劲儒、黄剑皓分别是杭铁所破案、防范能手。陈劲儒是严湘琳手把手带出来的得力助手。2014年以来，先后共同主办管内刑事案件24起，其中重特大案件12起。陈劲儒参与侦查的重大案件批捕率达100%，无一退侦案件。他非常注重基础工作，善于积累日常情报资料，建立完善了一整套杭州站扒窃嫌疑人的基础台账和群众力量的联络网络，他每天都从铁路、地方刑侦网收集信息，经常打扮成乘车旅客，在平台、候车室、站台等重点部位观察，分析何种情形旅客容易被盗，观察掌握作案时嫌疑人的手段及是否有同伙，不断严密自己的侦查逻辑，提高有效地制止犯罪的工作能力。他将群众力量、基础资料、视频影像有机结合，为侦查破案工作提供了强有力的支撑。他还擅长监控追踪工作，熟悉杭州站的地形、商业网点、交通工具等重点部位，往往可以很快锁定嫌疑人的落脚点及逃跑方向。工作中，他还尝试综合探索各种技战法，熟练运用于侦查破案，取得了优秀的战绩。2014 年 8 月 13 日上午，杭州火车站候车室发生两起盗窃案，他立即调取相关监控，发现两起案件所在的不同候车室均出现同一名女子，经反复确认该女子就是盗窃嫌疑人，通过排查比对，证实该女子王某某就是作案人员，民警立即对其布控，并于 8 月 14 日 7 时在其住宿酒店内将其抓获。

2013 年，黄剑皓担任了杭铁所治安刑警大队大队长，该大队是杭铁所重大安保任务中担责最大、投身春运最早、承受压力最大、付出辛苦最多的大队之一，不仅要完成票源调查、打击倒票、便衣打防等艰巨任务，还承担着阵地防控、治安整治、指挥处置、案（事）件办理、法制审核、指纹破案、微博建设、视频巡控、舆情监控、案卷管理、应急机动等大量工作。运输旺季时，他带领全队抓早提前，创新方法，确保了 61 家代售点、91 个窗口不出任何事，破获无数起涉票案件，收缴不法分子倒卖的火车票票面价值 49 万元，位列杭州处基层所队第一。他注重常态打防、公秘结合等方法的应用，在每天停靠 281 趟列车、春运累计 577.5 万客流的高压下，取得了节前杜绝发案、节后有效控制发案的优异成绩。他们紧盯疑似票贩、黄牛背包、接拉客等重点问题和旅财案件的防范，突出退票区域及路地接合部管理，用好视频，打出管界，面上治安有序可控，重点区域防控坚固。他们妥善处置突发警情 12 起，成功解救跳楼、重病和精神异常人员 8 名……

功夫不负有心人，杭铁所 2014 年的重特大旅财案件的破案率达 95%，同比上升 9.3 个百分点。在采访中，他们的一句话令我感触很深：“有战友们的共同努力，我们杭州站的治安已经有序可控。”他们的自信令我肃然起敬。

像杭州站这样日均到发旅客约 10 万人次的大客站，治安到底好不好，所长钱建革给我看了一组数据。三年来抓获网上逃犯750人，追逃总数全处第一；其中，2015年共抓获网上逃犯277名，列全路较大客站所第六位；三年来破获旅财案件62起，破案率达87.3%，2015年旅财案件做到了发一破一；三年来共查处治安案件569起，查获危险品1万余起。各类案件发案呈逐年下降态势，杭铁所民警付出了艰辛的努力。“守护旅客的平安是我们最大的责任。”杭铁所民警如是说。

杭铁所诗意栖居在西子湖畔

我这次来杭州，美丽的风光固然吸引我，但是更让我心心念念的还是杭铁所的精神。实际上，住在西湖边的杭铁所的民警们，半年间没有到过西湖的很多。我去很多地方采访过，像杭铁所这样“背着单警装备站场转”的所长还真不多。这里的民警个个精神抖擞，一看就是干工作的样儿。于是，便有了杭州铁路公安处处长在全省温暖警营评选中对杭铁所的评价：“诚心解民困，民拥杭铁所。建温暖警营，保杭州安宁！”

这个由61名民警组成的战斗团队，管辖了1个一等客站、1个一等货场、1个客整所、30家平安小区共建单位和高铁、提速线路。铁路公安局“十警理念”和“四好三强”环境的创建，引领着杭州铁路公安处的发展。“双争当”活动促进杭铁所长足发展。这个洋溢着良好战斗作风、充满光荣传统的团队，获得的荣誉称号很多，“浙江省公安系统温暖警营”是最新的称号。这个所产生了全国五一劳动奖章获得者、全国特级优秀人民警察、全国公安系统二级英雄模范周建忠。仅2015年就有29人次荣立个人三等功或嘉奖。他们还创建了两个全路基层所队第一的品牌："平安杭州铁路"新浪微博发博4.9万余篇，吸引粉丝52.6万余个，现列全路基层所队第一位；"指纹工作站"破案效果明显，位列全路基层所队第一名。

"和谐聚警"和"文化育警"不是一句口号，铁路公安局的爱警、惠警措施推出后，上海铁路公安局的和谐聚警措施首先在杭铁所推行。所领导长期坚持重点时期一线跟班制度，与警同干、现场发现解决问题、现场把握疏导情绪的工作环环相扣，他们坚持"纪律无情、管理有情"的柔性管理思路，着眼小节，围绕小事，既严格教育管理，又采取面对面、一对一、实打实等具体方法，掌握实际情况，解决具体问题，保障民警权益，理顺情绪，凝聚警心。他们创新警务运行的视频巡控、打击整治、弹性用警、处理归口、指挥调度统一的科学管理模式，为我们提供了学习的借鉴。杭州铁路公安处政治处主任说："我们的警营文化建设，重在基础、重在机制、重在聚心。"

人生在世，谁家没本难念的经。严湘琳的父亲因脑梗长年卧病在床，好不容易能动了，生活还是不能自理。严湘琳除了联系医院和专家外，进行康复治疗的重任大多数由年近70岁的母亲和妻子承担。杭州站作为大站，各种任务一项接着一项，可以说每项任务他都没有落下，还动不动千里奔波破案攻坚，因为他觉得"只有努力保证杭州站的平安，小家才会有安宁的日子"。所长钱建革的家在金华，在执行重大安保任务时，一月中间难得回趟家。他离不开工作岗位，只好把与儿子的合影放在手机桌面上，以表达对亲人的思念。

"文化育警"也体现在派出所建设上，杭铁所教导员张长江说："建好这个家，让大家更爱家。"走进杭铁所的大门，那个五层高的小楼外表整齐清爽，不论是谁都会立刻被它的窗明几净所打动。这是最干净的基层派出所，不论是所里的间休室，还是站区内的值勤室，无一不是干干净净、整整齐齐。一楼现代化的监控指挥室也是对外值班室，里面12块大屏幕切换到站区角角落落，旁边的执法功能区建设合规安全。二楼楼梯的墙壁上，醒目的警察宣言，时刻提醒着民警从警为民；走廊的雪白墙上，工作要点和照片提示大家：快乐工作，幸福生活……每一张照片的内容各自不同，但每一张照片中都有民警发自内心的快乐。三楼会议室的荣誉墙上，满满的荣誉从火车头奖杯一直到优秀基层所队，书写着杭铁所的近年来奋发有为的记录。这些成绩虽已成过去，但无不激励着民警继续取得更大的成绩。四楼会议室有本所民警邵京的书画作品，是民警生动的业余生活的最好体现。五楼的健身房、阅览室、谈心谈话室等时刻为民警敞开着大门，鼓励锻炼，鼓励阅读，鼓励沟通。走进健身房，还可以看到墙上挂着民警参加铁路公安局实战化练兵的照片，生动感人，记录着他们超越自我、展现自我的时刻……

我心里涌出了一个旋律："这是我的家哟，我的家；我爱你，我的家，我的家，我的天堂！"警营就是民警温暖的家，让民警有满满的归属感，温暖的家中产生的温情，温暖着旅客的心。

无处可逃

——延安铁路公安处缉逃故事

引子

动车飞驰在一望无际的关中平原，中间没有停留就钻进连绵的黄土丘陵中。穿越，穿越，如朝圣的信徒奔向延安。如歌的行板中，宝塔山、清凉山、凤凰山遥遥在望，我到达了圣地——中国红色革命的发祥地延安。

如同交通之梦，自从延安迎来新铁路时代，就走上了经济发展的快车道。延安铁路公安处管辖着包西复线、太中银、甘钟、神大4条铁路线及22条专用线，在圆满完成1400多公里铁路线、59个车站的安全保卫工作任务的同时，还为铲除社会毒瘤作出了巨大贡献。

不可思议的是，一个200人左右的县级铁路公安处，连续3年，每年人均抓获在逃人员3名。这在全国铁路公安机关都名列前茅。带着敬佩和疑问，我们立即转车投入延安铁警的熔炉，我们要投入延安铁警的生活，从追逃的窗口，看铁警如何使东奔西窜的在逃人员显形于阳光下，无处可逃。

骗子落网

许多人都有上当受骗的经历，骗子骗钱骗色害人不浅，骗子丧失了中国传统的诚信美德，造成人与人之间的信任危机。

延安是红色政权取信于民的发源地，维护诚信就是维护社会公平正义、守护风清气正民风的一方面。许多时候，人们将信任寄托到军警身上，是心理上的一种无奈。但是，有少数的犯罪分子，利用这种心理，凭假证件、假服装冒充军警，铤而走险、诈骗百姓，挑战人们信任的底线，损害公务人员的形象，让人恨之入骨。

2014年12月22日，西安男子江洋就上演了一出冒充某省禁毒总队民警诈骗的闹剧。江洋假借帮他人办理子女入学的由头，骗取钱财13.6万元后失联，路地公安机关数次张网以待，江洋总是溜之大吉，但最终还是被延安铁警抓获。

小老板刘琳的孩子聪明好学，小小年纪在幼儿园就表现出过人天赋。为人父母，哪个不望子成龙、望女成凤。但因入学划片，孩子上不了西安著名的某小学，于是就四处托人，挖掘了所有的社会关系，但总是被学校领导正当回绝。他们不相信“规定”，认为规矩都是人定的，怎么不能灵活点呢？在广泛挖掘社会关系中，还真找到一个能帮忙的人。初次见面安排的地点比较随意，刘琳夫妇一见江洋仪表堂堂，身着警服威武雄壮，言行举止从容不迫，拿出的证件正正规规，办事周到全面，他俩立即被征服了，把孩子入学要求和盘托出，并急切地表态“钱不是问题”。

江洋为表现出自己的诚意，当场打通了刘琳孩子想入学的“校领导”的电话。之后，他描述了自己与对方的情谊和交往细节。他把校领导的住址、家庭情况、学校概况、领导班子等情况描述得头头是道。这与刘琳考察的情况完全一致。江洋拿出手机上展示的与“各领导”的合影之后，刘琳全家心悦诚服。孩子成为一名品学兼优的学生、站在学校领奖台上的形象仿佛依稀可见——这才是他们需要的救星。

于是，一次次地送钱，名目繁多，“校领导”答应都不行，作为市重点小学，还要市教育局领导点头才行。最后一次，江洋拿出之前花的3.6万元说：“太难办了，还是算了，钱我全退给你们，就当我们交个朋友。”刘琳夫妇彻底崩溃了，一咬牙拿出10万元交给他，感激万分地说：“我把身家性命都交给你了，江领导！”

开学前一周，刘琳如愿拿到了入学通知书。一家人欢欣鼓舞地去报到，逢人都说我们孩子真幸运。但在注册报到关口，老师告知说通知书是假的。通知书也有假？刘琳脑海一片空白，立即拨打江洋的手机。第一次，“怎么可能？你稍等”；第二次，“你拨打的用户不在服务区”；第三次，回音是“你拨打的手机已关机”。他们立即打车到江洋家的楼下，敲了半天门后，邻居不堪其扰，出来训斥：“敲什么敲，人已搬走十多天了。”他们连声叫苦，邻居深表同情：“你们上当了，这房子是别人出租的，租住的人穿着警服，但是没有好好上过班。”完了完了，全完了。失望透顶的一家人赶紧到西安市雁塔分局派出所报案。民警一边受理一边部署查缉，通缉令都下了，但是江洋却如人间蒸发一般不见了。

延安铁路公安处保安管理支队长鲁霖在电视上看到通缉令后，心想：这小子心太黑了，小心被我抓住，非让他受到惩处不可。一个月后，他偶然听说诈骗犯江洋最近在蒲城现身，有重要的朋友要他亲自接待，可能会到蒲城火车站接站。2015 年 1 月 28 日凌晨，鲁霖与民警们冒着刺骨的寒风赶赴蒲城火车站。等待多时，终于等到身着制式警服、驾驶着一辆白色丰田小汽车的江洋。在抓捕民警亮明身份、控制并搜查时，江洋盛怒："我是省厅的领导，正在执行公务，一切后果由你们负责。"他还拿出某省禁毒总队的警官证，拒不交代自己的真实身份。鲁霖嘲讽道："戏也该收场了，会给你个交代的。"

抓捕民警通过网上比对，确认其真实身份，之后将其带至蒲城铁路派出所，通过网络比对警号，发现并非此人信息——显然，警号是假冒他人的。电话联系某省禁毒总队，答复说：查无此人。在一系列证据面前，江洋终于承认：他所有证件均为假冒，警官证是通过街边小广告上的网址，在网上购买的假证，警服也是在一商店购买的。骗子一月内就落网，证明了骗人把戏走不远，再高明的骗局总会被揭穿并绳之以法。

正如局长白少强所说："民警尽责，除恶务尽，延安处人人身上有任务，个个随时抓逃犯，是延安精神的感召。"

延安处的行动准则恰恰就是对"全心全意为人民服务"的延安精神的最好诠释。延安精神感召着一代又一代的共产党人情系民心、真诚为民，而人民也以热心协助来作为回报。

毒枭落网

看缉毒电视剧时，大家有个共同的感受，缉毒案件侦破的关键是抓捕大毒枭。这个过程漫长、艰辛且充满惊险。延安所民警抓捕大毒枭杨成功的场面也具戏剧化。

杨成功家在陕西省蒲城县，看着家家都在发家致富，但他又不愿吃苦，觉得自己是个做大生意的材料。听回乡的朋友说呼和浩特市挣钱容易，朋友夸夸其谈：那个被誉为“中国乳都”的历史文化名城，正是春秋战国赵武灵王胡服骑射的发祥地，昭君出塞到达这里，游牧文化和农耕文明在这里融合，大青山丰富的矿藏促进了采矿业、加工业、服务业的发展。千里草原不仅能够策马奔腾，感受“天苍苍，野茫茫，风吹草低见牛羊”的浪漫，而且公、铁、空交通发达，随时可以走向全国各地，到蒙古国也很便利。他的心已经飞到了呼和浩特。

一伙人到了呼市后，他有点儿失望。哪里有说的那么好，大多人还在用汗水换钱，背井离乡，生活单调，有的人还染上了毒瘾，挣钱再多几包“白面儿”也就报销了。于是他混迹在人群中，了解毒品的来源方向。他觉得每月搞上几个大单批发出去，比批发商品都容易赚钱。这才是他要找的发财秘方。

他投诚于毒贩手下，起初还心惊肉跳，担心被警察盯上，但做了半年后胆子大了起来。他不甘心被人唆使，要单干，要做“大当家的”。于是和几个死党多次南下广东、西南，组织货源、开拓进货渠道，搞到了高纯度的冰毒，花大价钱雇人在体内藏匿、货车夹带、客车接运，甚至雇车绕行在人迹罕至的山区。暴利的毒品市场不用经营，过去的老大甘心做他的马仔，毒贩子间的火并没有发生，生意做得顺风顺水。自鸣得意的他，哪里想到，他的情况早已被呼和浩特警方掌握。

在一次大笔冰毒交易前，杨成功心里老不踏实，到了交易地点后，他从车窗里观察了一下环境，没有停留、不动声色地驶过。车开了5公里，车里的兄弟们开始窃窃私语，生意方的电话也催促着。他略一沉吟，要求换交易地点，对方愤愤不平但最终也答应了要求。他在路边交代完交易的具体事项和会合的地点后，一人独自坐上公共汽车回到了呼市。

正如他担心的那样，当他的同伙开着汽车掉头到了10公里外的“安全地点”后，呼市警方在他们交易时抓了个正着。一小时内会合的约定没有人来，他感到“两万斤大米全完了”，赶紧带着金银细软逃离了呼市，换了手机号，丢了证件，藏匿于陕北山区。一次，他冒险给家里打电话，家人焦急地告诉他警察正在四处抓他。后来风声不紧了，他潜回了蒲城县，化装为老板，戴上墨镜，到街上一试，过去的熟人都没认出他来。他手上的货有限，只得亲自出马贩卖，好立即变现。于是，他经常出入茶馆酒肆，干起了老勾当。

多行不义必自毙。自以为做得天衣无缝的杨成功，根本没有想到，他的行踪已被延安铁路派出所掌握。2013年7月21日，他又在蒲城火车站一带活动。延安所铁警获悉立即前往抓捕。民警以吸毒人员为名，谎称曾经与其做过买卖，并说出了当时的情形。取信他还真不易，他三番五次变动接头地点，最终确定在火车站外南段的一个隐蔽角落交易。

杨成功块头大，身高1.8米，民警抓捕时遭到了他激烈的反抗。他挣脱控制，翻进车站，跳入股道。带队抓捕的所领导毫不犹豫地跳下站台，死死拽住杨成功的双腿，两民警合力将其拖出股道，上了背铐。不到30秒，西安开往延安的动车就呼啸进站了，把围观的接站者都惊得半天合不上嘴。

再狡猾的狐狸也逃不过猎手的眼睛。缉逃的路虽然很危险，但是工作在路上，就义无反顾。这样鲜活的事迹在延安铁警身上很多，西安铁路公安局副局长如是说："是一种精神，是一种红色的传承，全体民警敢于亮剑、乐于奉献、勇于拼搏，守护了平安。"

凶犯俯首

跑路的在逃人员私下认为，藏匿于流动的火车上可能是最好的逃亡之路。其实他们错了，现代铁警已用高科技武装了起来，不但有了"跟踪的天眼"（实时的数据更新），而且有了"扫描的雷达"（手持移动警务）。自从铁路实行实名制售票以来，铁警缉逃又多了一种手段——只要用有效证件购票、发货，网络就将信息分配到公安机关管控平台。在逃人员自以为踏上列车从此海阔天空、浪迹天涯，没想到从售票到进站上车，短暂的距离决定了其归宿就是法网。

发生在广东新增区的凶杀案在逃人员陈东就是这样被抓的。新塘镇的民营制衣业是劳动力密集的工业基地，工人很多。工休时娱乐活动丰富，有的人染上了赌瘾。不少人因赌瘾缠身以致倾家荡产，也有的人为此丢了性命。

2000 年 10 月 17 日晚，工人赵冲在宿舍打麻将时输得一塌糊涂，旧债未还，又添新账，还债不起，气冲斗牛，先是吵吵闹闹，然后拳脚相加。债主陈东没有想到，自己赢了牌场却输了武场，他带着伤痕借酒消恨、其恨倍深，他恨不得杀了那个赵冲。他漫无目标地在市场上转悠，忽然发现夜市地摊的菜刀，于是一丝恶意释放了出来。他揣着菜刀等待时机，次日清晨回到宿舍，向正在熟睡的赵冲举起了菜刀。一场命案就这样酿成了，听着仇人的哀号求饶他无比痛快，但看着对方血流如注的样子，他在刺激中害怕了。同舍的工友惊慌失措地打120将伤者送医院抢救，医生说伤者因失血过多已经死亡。陈东趁乱溜出，落荒而逃。

陈东跑路时心是紧缩的，连梦中都有讨命的叫喊声，他知道一旦被抓只有死路一条。夜半，他常在大汗淋漓中惊醒。他改名为陈元山，潜逃到陕北地区，以流浪乞讨、背煤挖矿为生。他夏天躲避烈日，冬天苦抗寒风，见着警车就心惊肉跳，只好下了矿井——躲在地下比地上安全。三年了，改了名反而增加了恐惧，不敢和家人联系，挣钱也没有使用价值。他实在挨不住了，想乘车前往西安，偷偷地转车回重庆开县老家。

陈东本以为潜藏三年又改了名字不会引人注意了，万没想到铁路公安早就张网以待。2013年11月19日16时许，陈东从神木站用陈元山为名的假证件购买了一张火车票，顺利地安检过关了，轻松地进站候车，只要坐上火车就能回到久别的故乡了。没承想，神木站民警已经接到抓捕的通报。陈东看着民警从身边很自然地转过去，不禁暗自庆幸。还没等他回过神来，忽听有人叫他的名字，他条件反射地动了一下身子，两个民警就从背后把他拎起，铐上了双手。铁警把他当时杀人的情景用图片回放了一下，他唯唯诺诺地交代："我杀人了。"当民警马小波、沈斌把他带离候车区时，当看到民警威严地向旅客宣布情况后周围掌声雷动时，他忽然感觉如释重负，这掌声哪里是给民警的，分明是给他安神的。

2013年至今，延安处的铁警抓获网上逃犯达到了1526名，其中暴力型逃犯589名，盗窃类逃犯235名，仅2015年就抓获600名逃犯。2016年春运一开始，截至1月28日就抓获逃犯86名。我去采访延安铁路公安处处长孙俊生时，他正带着民警冒着零下25摄氏度的寒风，为

2016 年春运首日启动仪式授旗。问他有什么抓逃的独门秘籍，他爽朗地笑道："哪里有什么秘籍，就是靠网上追逃的新机制和民警扎实的工作。"

火眼金睛

刘光耀个子瘦高，眉眼如柳，外表就是个书生模样，但他那双小眼睛却炯炯有神、内藏闪电。在绥德火车站的上万人流中，一旦有在逃人员出现，绝对逃不过他的眼睛和掌控。刘光耀 2011 年参加铁路公安工作，先是绥德铁路派出所的民警，现为一名刑警，至今共抓获在逃人员 195 名，29 岁的他是延安铁警的缉逃状元。

为准确掌握信息，刘光耀坚持每天浏览在逃人员信息库，按地区、年龄、长相、案情整理归类，研究案犯的心理和活动规律，并在执勤过程中，仔细观察来往旅客的神情仪态，练就了识别在逃人员的火眼金睛。2013 年 12 月 20 日下午，一名男子在候车室外转来转去，就是不进站，这引起了在门口维持秩序的刘光耀的注意。他上前一个敬礼："请出示身份证和车票。"他刚把身份证放到"警务宝典"上，里面就跳出了在逃人员杜仲的信息。刘光耀将其带回值班室。网上资料都显示了，杜仲就是不承认，还振振有词地说："肯定是你们搞错了。"刘光耀轻蔑地一笑："你可以保持沉默，但是我知道 2013 年 6 月以来，你伙同他人在榆林市榆阳区牛家梁段附近抢劫外地大车司机，作案 20 余起，抢了 6 万余元。"这时，杜仲的手机"嘀嗒"一声，显示一条信息："虎子（杜仲外号），快来县城老地方吃炖羊肉，兄弟们等你呢，赶紧可儿（陕北方言）。"刘光耀赶紧问："你的同伙？""没……没，就我一个人。”杜仲支吾着。“休想狡辩，樊建设是谁？老实交代！”刘光耀厉声喝道。“我的一个普通朋友。”杜仲低着头小声回答。在一旁公安信息网上确认身份信息的战友向刘光耀递了一张纸条，他看过后，义正词严地说：“你还想隐瞒到什么时候？难道你不想得到从宽处理吗？啊！”杜仲很无奈：“我招，我招，我什么都招。”

为了迅速将其他在逃人员第一时间抓捕归案，他们将杜仲押上警车，火速赶赴绥德县城。到达地点后，见5名男子在饭桌上抽烟喝酒，刘光耀问杜仲：“哪个是？”杜仲悄悄地说：“黄头发，黑皮夹克。”民警们如饿虎扑食般把樊建设按在餐桌上，不料这个家伙狗急跳墙，拿起桌上的饭叉猛烈反抗，将刘光耀脖子划破了，伤口血流如注。民警们费了很大劲儿才将其制伏。事后，刘光耀淡淡一笑：“缉逃艰辛，小病大伤，在所难免。抓捕的过程还是很愉悦的，有一种为民除害的成就感。没有我们的付出，哪有老百姓的安居乐业！”

刘光耀的故事很多，对不同的在逃人员抓捕有不同的方法。一个叫加亮的年仅16岁的少年上网成瘾，无钱消遣，心生歹意。2014年12月25日晚，加亮伙同他人在绥德县白家湾水井附近抢劫刘某的金戒指一枚、苹果手机一部、现金2200元，作案后四人逃离。考虑到加亮是未成年人，在量刑上有几个从轻情节，刘光耀决定对其做有针对性的规劝工作，争取其投案自首。他们制订了详细的计划，反复到嫌疑人家中，耐心对其父母进行法律政策宣讲，当了解到加亮是家中独子，父母早就希望儿子能够结婚的情况后，刘光耀采取针对性的政策攻心措施。经过长达3年的不懈努力，2014年4月2日，加亮在父母的陪同下到派出所自首。真情规劝，金石为开，效果明显。“真的谢谢你们。我再也不用过东躲西藏的日子了。我还年轻，后面的日子还长。现在心踏实了，期待着以后幸福的时光。真的感谢你们！”投案自首的加亮在派出所讯问室里眼含热泪地说道。

工作中的刘光耀精明能干，可生活中的他却有些挫败。27 岁的他依然孑然一身，这个年纪很多人都当上父亲了。一直以来，他全身心地扑在工作上，疏忽了感情的经营和投入。2013 年 6 月，交往了 3 年已经订婚的未婚妻和他分手了。感情上的打击如同刀绞，眼泪只能往肚里咽。未婚妻是他警校同学，后来，在一次同学聚会上，她得知二人分手后刘光耀取得的骄人成绩后，作为同行的她才理解他当初为什么很少回家，才深深明白当初提出分手对他的伤害有多大。她鼓起勇气拨通了他的电话，二人的感情又慢慢地融洽起来。刘光耀的婚事受到公安局领导的重点关注，公安局、处领导也出面撮合。在西安铁路局第五届十大青年标兵表彰大会上，当看到刘光耀手举奖杯时，未婚妻在电视机前泪流满面。一对有情人终于走进婚姻殿堂，公安局、处领导都来祝福新人了。刘光耀握着公安局政委的手，幸福的眼泪在眼里打转。金政委也很动情，把他的手握得很紧很紧。

刘光耀是家里的独子。2014 年 10 月，他父亲突发急性胃炎住院，母亲来电话后赶紧坐 7005 次列车往西安赶。当时正在火车上护送母亲去西安的刘光耀，得知在逃人员崔放可能在绥德县龙湾西凤酒专卖店出现。他太熟悉这人的情况了，领导没有要求，他就毅然从子长车站下车，搭出租回到绥德，和战友们共同将崔放抓捕归案。虽然对父母心存愧疚，但刘光耀觉得他抓获了一名危害社会的在逃人员，是用行动回馈了社会，报答了父母，他坚信自己的父母会以儿子是一名合格的人民警察为荣。

天道酬勤，他先后荣获全国铁路公安机关“百名岗位标兵能手”、“西安铁路局十大青年标兵”等荣誉称号，荣立个人二等功、三等功、嘉奖各一次，在陕北大地上践行着新时期延安铁警的铮铮誓言。

尖兵练成

榜样的力量是无穷的。无数的缉逃能手在组织的召唤下涌现出来。榆林所在站车勤务当中，以“五口”（进站口、出站口、检票口、售票口、车门口）、“一处一室”（行李寄存处、候车室）为阵地，坚持“五勤”（勤巡视、勤检查、勤宣传、勤询问、勤联系）防范，把查缉在逃人员和站车勤务有机结合起来，摸索经验，从中掌握查缉和识别的技能。他们坚持“四不放过”原则，即外出务工人员不放过，身份不明不放过，身份证明显示住址与口音不符不放过，持假身份证的不放过等，取得了三年追逃200人的好成绩。

绥德所民警安博给我们讲了个故事：吴波这个年轻的小后生，在山西太原居然伙同他人持刀劫持受害人，逼要银行卡密码，抢劫1.4万元。吴波家住子洲县城东，他游手好闲，无所事事，在陕北社会面上一般把这种人叫黑皮。吴波花费了我们将近半月的时间，和我们“捉迷藏”，在藏匿地点一换再换的情况下，终于2015年4月下旬在子洲县城一个小网吧内将其抓获。当时吴波用他人身份证注册上网，警方盘问了大概半小时才确定身份无误。经查他身负数起抢劫、劫持他人重案，已经是一个为害地方的惯犯。抓获这样的在逃人员，对稳定社会治安的意义非同寻常。三年来绥德所就抓获各类在逃人员196名。

惊险的抓捕过程着实让人捏着一把汗。2016年1月4日，神木所民警李红亮获悉，涉嫌抢劫案的在逃人员张贤成可能在神木县火神庙沟出现。所长郭国顺即刻带领他们前往抓捕。神木县火神庙沟出租房屋众多，居住人员成分复杂，环境很混乱。因无法确定张贤成的具体落脚地点，抓捕组在附近排摸十多个小时，直到下午6时左右，最终确定张贤成藏匿在山坡一家出租屋内。民警赶到后，发现门窗反锁，屋内灯光昏暗，情况不明。张贤成觉察到危险后，任凭门外敲打就是不开门。为防止嫌疑人逃脱，民警一脚踹开铁门冲进屋内，出乎意料的是，屋内还有两名可疑男子。民警们临危不惧，一个箭步冲上去将一名男子制伏在地，正在上铐之际，另一名男子突然手举匕首冲了上来，所长郭国顺大喝一声，李红亮意识到危险，以迅雷不及掩耳之势抽出腰间的警棍，将匕首打落在地。干净利索的抓捕过程充满了惊险。李红亮笑道："悬得很哪！幸亏在实战化练兵中没有偷懒，多亏所领导的严格要求。"2016年一开局，李红亮一人就抓获了8名网上逃犯。

缉逃也有滑稽的过程。2015年7月14日，子长所民警白浩根据互联网信息研判，获知在逃人员刘燕生已在延安市洛川县电信局出现。刘燕生于当年6月22日下午伙同刘峰（已抓获）窜至洛川县凤栖镇高堡村，翻墙进入李红家中盗窃。所长赵洪涛带领民警抓捕时，在逃人员既狡猾又敏感，民警到了洛川县电信局并没有发现他。正当大家失望时，看到这小子竟在对面饭馆、隔着玻璃扬扬得意地看着他们。民警们立即兵分三路、迂回包抄。他撒腿就跑，捉迷藏般地逃了半小时，最后跑进一条小巷内。民警白浩举着空手大喊："警察，不许动，再跑就开枪啦。"刘燕生终于停住脚步，民警纵身上前，给颓然坐地的他上了手铐。从此"两根手指做枪"，成了大家茶余饭后取乐的话题。

全员缉逃绝不是一句假话，让我们惊奇的是连装备财务室——那个大家都认为是算账报销的机关科室，一年还抓获了4名在逃人员。大家都开玩笑说："胡军，你笑傲江湖，一手算盘，一手缉逃，莫不是武林高手。"刑警支队支队长王文胜竖起了大拇指："我们刑侦一年抓获40多名在逃人员，也抵不上你们的4名啊！""比学赶帮超"的氛围就是这样形成的。难怪全国追逃榜上，铁警都在闪光！组织认可，不是抢了谁的风头，稳定了社会治安才是根本。铁警以自己的行动，融入全国公安机关一体化缉逃的大家庭中。

这是一个英雄的群体，个人缉逃成绩排行榜前十名的民警，由于忙于工作无法一一接受采访。但是我们会记住他们所作出的奉献，他们是延安铁警缉逃的脊梁。让我们记住他们的名字：绥德所刘光耀、子长所韩延松、延安北所李小林、澄城所霍向峰、榆林所卫锦越、技侦大队艾思远、延安所李东军、刑警支队王夏恒、延安北所刘志波、延安所贺浪。他们就是延安这片热土为我们铸造的安全战线上的中流砥柱。

连环缉逃

有的在逃人员还在动脑筋，要与全国的警察斗智斗勇，通过各种手段更名换姓，通过他人证件购票、自己持票进站上车，通过请他人持本证购票进站试验、自己暗中偷窥伺机混入，通过公路铁路交叉换乘……无所不用其极，但还是应了那句俗话“法网恢恢，疏而不漏”。或许已经走风跑路，或许正在沾沾自喜，或许还在惴惴不安，没有防住，神兵天降，只有束手就擒。

“我用亲情召唤你，我用效率和你赛跑”，是延安铁警追捕的绝招儿。刚刑满释放的张亚军，在陕甘蒙三省（区）七县流窜，连续入室盗窃作案16起，屡屡得手，引发了群众的恐慌。老百姓谈张色变，把盗贼描绘成三头六臂、飞檐走壁的江洋大盗，三省（区）公安机关全国通缉。2015年7月15日，延安北所获取其人潜逃到西宁的线索后，他们用各种方式与逃犯联系成了朋友，聊天中得知张亚军在延安有亲戚，但失去了联系。于是，他们千方百计找到了张亚军的亲戚，亲戚答应与其联系。电话中，亲戚热心地请他到延安山区来避难，给张亚军吃了个定心丸：延安城建在无数的山沟里，随处都可以藏身。受够了惊吓的张亚军当即答应坐汽车过来。村民们以惊异的眼光看着张家的贵客——他们根本想不到这是警察在抓捕的在逃人员，他们只是在电视剧里看过那些精彩的特写镜头，根本不知道现实中要付出多少艰辛。在山区寒冷的夜里，忽然接到接站的电话，立即驱车赶去，边走边联系，在几个候车点折腾了三个来回，终于在晚上 11 点左右接到了张亚军。他们在车上寒暄着、核对着，汽车开进了派出所，张亚军才如梦初醒。正在审讯时，又接到一个电话，又一个逃犯出现在延安汽车站附近某旅馆，带着逃犯又去抓捕，把网上通缉的犯故意伤害罪的在逃人员赵明也收入法网。

“我以法律的名义促你就范，我用不懈的较量让你松口”，是延安铁警追捕的亮点。2016 年 1 月 15 日，延安所所长仵新学获悉了故意伤害案犯罪嫌疑人李诚意的行踪。李诚意被陕西靖边县公安局上网通缉后一直没有现身，不知怎么回事跑到延安市来了，并在则子沟村租住。他带领三名民警着便衣去了，找了半夜才确定了在逃人员的具体位置。当民警冲进其租住的院子后，发现屋内有 8 名男子，面对“4 比 8”的不利抓捕形势，他们以迅雷不及掩耳之势迅速控制了嫌疑人，并亮明身份，向其余人员喊话，警告对方不要轻举妄动，成功将其带离现场。为了扩大战果，一网打尽同案犯，仵所长亲自审讯李诚意，获取了其亲侄子李敏在延安市永坪镇居住的情况，立即乘胜追击。抓捕的民警一到，李敏乖乖地伸出了双手。

“犯了罪必须接受法律的审判”，是延安铁警追捕的共同想法。2015 年 5 月的一天，绥德所的民警刚刚吃了饭，所里厨师做了最拿手的“洋芋擦擦”，香喷喷的。大家吃饱后在院子里打篮球，你争我抢虽然没有多少技术含量，但开心才是最主要的。这时值班电话响了：追踪了两个月的逃犯杨大洪要从绥德站坐车前往西安。杨大洪是多起特大入室盗窃案的主要嫌疑人，其中一起盗窃案值高达1.5万元，江苏警方已经上网通缉数月无果。但是苦苦守候的绥德所民警等待了3个小时还不见杨大洪，却意外发现在售票厅玻璃墙外有一人探头探脑，一直在观察着候车室的情况，形迹十分可疑。他们立即派人秘密过去，贴近盘问发现正是目标杨大洪——特大系列盗窃案件的主要嫌疑人。审查中才知道杨大洪是特种兵退伍，反侦查能力很强。杨大洪交代他知道自己身背要案，想观察警察有没有在查缉，没想到还是落在了铁警手里。杨大洪受到政策感召，且真心佩服绥德的铁警，于是举报了跑路中遇到的另一个逃犯，民警立即赶到他们约定的会合地点，将该逃犯抓了个正着。

“前面就是法网，不信，你来试试，包你满意”，这是延安铁警追捕的惊喜。2014年4月8日晚，延安北所民警刘志波获取线索：商洛市一网上在逃人员将于4月9日12时许到延安火车站接人。民警赶到后，天公不作美，瓢泼大雨从天而降，出站口接人的群众或撑着雨伞或穿着雨衣，抓捕工作一下子增加了难度。民警出行匆忙没带雨具，已经浑身湿透，初春乍寒，瑟瑟发抖的民警神色镇定，依然在人群中慢慢穿梭来回辨认，终于锁定目标，一举抓获在逃人员曾辉。交接手续刚刚完成，正在吃饭的民警又获取线索，陕西省靖边县一名在逃人员将从延安站下车，惊喜中的民警完全忘了疲劳，立即在车站内外布控，抓获逃犯许正功。返回的路上，大家的热情高涨，所长刘建巍正与民警讲着笑话，忽然发现一男一女在拉扯吵闹，随即上前劝架，顺便习惯性地查了一下两人的身份证，发现女子竟是网上逃犯宁佳丽。

民警与逃犯跳着“连环舞”，这是铁警生活的一部分。如同陕北信天游的调子，起初好像不和谐，但是听着听着，在高昂和悠长的曲调中，我们感受了另一种生活。公安局政治处主任黄建国说：惊险对于常人来讲可能是一种刺激，但对警察来说，那是一种压力。我们正在探索通过心理咨询与健康教育以及警营文化建设为民警减压；快乐工作、幸福生活是大家共同的心愿！

与民共舞

警察这职业，是与魔共舞打击犯罪，与民共舞保护人民。延安北所这个西安铁路公安局的追逃排头兵，才6名干部民警，近3年人均抓捕数竟达到6名左右。2015年抓获网上逃犯61名，达到人均10名。我问所长刘建巍："取得这么好的成绩，有什么诀窍？"不善言谈的刘所长脱口而出："网上追逃，发动群众。"我们笑了，"与民共舞"是他们的真实写照。他和战友们讲了追逃的几个故事。

"我送花圈，你接受审判"，是延安北所的一个灵活招式。陕西定边有一个叫白建虎的，在宁夏的陕、甘、宁、蒙四省（区）交界处开设赌场，涉案赌资达数百万元，影响极其恶劣，当地公安机关打掉了这个赌博团伙，但主犯白建虎一直未能归案。2014年12月18日8点多，在外面吃早饭的民警无意间听说：在逃人员白建虎藏匿在陕西省某县，并在县城开了一家花圈店。民警们绕了许多路赶到地方，可到了花圈店后发现店面为两层，一层大厅有8个人正在围着一张饭桌吃饭，敌我力量悬殊，人员情况不明。他们决定引蛇出洞。刘建巍和李小林就近购买了两块白布，缠在头上进入该花圈店，谎称有亲人去世，需要购买花圈，同时对吃饭人员仔细甄别，发现目标正在其中。于是就要求他亲自送货到提前踩好点的一个小区，到达小区门口后，民警迅速用车顶住其装花圈车的尾部，亮明身份，白建虎就这样落入法网。

"献血给蚊子，蚊子送来了逃犯"，是延安北所的一个惊险样式。

渭南市临渭区的张俊风和本村村民黄金叶因琐事发生过节，并多次叫嚣要将黄金叶杀死。2013 年 5 月 13 日 0 时许，他持刀潜入黄金叶家中，朝黄连捅数刀后逃跑。2013 年 6 月 4 日晚上，有可靠信息，张俊风在延安火车站后山上租了一个窑洞。来到张俊风住所附近，民警无法确认他是否在家，为了防止打草惊蛇，民警准备在不远处守株待兔。时值延安盛夏，指头大的黑蚊子如吸血魔鬼，民警被蚊子咬“胖”了，但没有一个人退缩。功夫不负有心人，经过近 9 个小时的守候，早上 7 点张俊风出现。行动的指令下达后，民警如下山猛虎冲了上去，刘志波身后抱脚，来了个“抱底顶摔”，李小林一跃跳上，整体“坐压控制”，刘建巍“按死上铐”，整个过程一气呵成。经常行动的现场效果真好，如同手足互动，游刃有余。搜身时，民警发现一把 30 公分长的开刃匕首就别在张俊风的腰上，怪不得抓他时他反抗不及、手伸腰部，原来有拼命的准备。民警只要稍微慢一点儿，就会发生流血事件。民警诙谐地说：血献给了蚊子，蚊子送来了逃犯。

打铁还得自身硬，带兵须得带头上。延安北所所长刘建巍参与了大多数抓捕行动，从线索排摸到组织抓捕，大家并肩作战，在具体的抓捕行动中总结经验教训，切合案情制订不同逃犯的抓捕方案，把仅有的 6 名警力训练成了工作能手。稳固后方阵地，创建平安线路，提供了全力追逃的保障，是“让自己退无可退，让逃犯逃无可逃”的追求，打出了延安铁警的精气神。追捕路上，所有的付出都为“平安中国”添砖加瓦、铺路架桥。延安北所的两任所长刘建巍所长与刑警支队支队长王文胜，还给我们讲了 2006 年他们在新疆抓获的抢劫杀人灭门的逃犯常广红的故事。这个穷凶极恶的家伙，白天看到老板的 1 万元钱，当晚就去抢劫，把老板一家三口都杀了后潜逃了 8 年，结果也在延安西所和新疆警力的合围下落入法网。这也是一个具有光荣缉逃传统的集体。有人说：那是你们运气好，撞上了。我们就不相信，牛顿的那个苹果怎么没有撞到我们头上——工作不是吹的，火车不是推的。

2014 年 12 月 19 日晨，公安处的视频交班会快结束时，处长孙俊生对本处一日抓获 6 名网上逃犯的工作进行点评，有感而发地讲述了延安北所所长刘建巍工作和生活中感人的事迹。之后，他神色凝重地说："把镜头放大，对着我上半身。"大家正在诧异时，看到孙处长缓缓地站起来，整理着装，屏幕上，他一个标准的敬礼——"延安北所，我代表处党委向你们致敬"——这是基层所队得到的最高褒奖！视频里，延安北所的民警们眼圈红了，机关各科室参会的同志眼睛湿润了！

守住门户

在陕北的十万黄土沟梁峁中，延安火车站是延安市的门户之一，守住门户，把刑事犯罪的社会隐患消除在外围，延安所铁警为护卫平安延安尽了力。我们听了许多故事，但有几个很有意思，大家也听听。

连环查捕双黄蛋。2013 年 2 月 5 日，四川省营山县发生一起涉额 8.4 万元的诈骗案，受害人杨某被骗的现金是其单位货款，案发后嫌疑人王子文逃往陕西。2013 年 7 月 14 日，根据旅客实名制乘车信息比对，民警李东军、韩延松在 D5089 次列车餐车上，抓获被四川营山县公安局上网通缉的在逃人员王子文。随后民警发现其堂弟王子伟系在逃同案人员，通过政策攻心，掌握了王子伟在西安市航天大道附近做蔬菜批发生意的情况。抓捕时，民警李东军灵机一动，在市场外花钱租用一辆三轮车装扮成蔬菜小贩，在市场里面骑来绕去找了两小时，小贩们热心地指给他王子伟的批发部。王子伟被铐上铐子后，还在大叫："哪里得罪你们了？有这样做生意的吗？"民警出示证件压低声音说："你的案发了，我们是警察，乖乖地跟我们走，惹出事对你没有任何好处。”手铐上盖了件衣服，让他给家里人交代完生意的事后，不露痕迹地把他带到了派出所。家里人得到告知后，才明白那些神秘的朋友是警察。

路边约会比赛跑。2015 年 1 月 13 日晚，民警李东军、艾思远获悉涉嫌抢劫案被陕西富平县公安局上网通缉的韦良，于当晚驾驶一辆翻斗卡车从西安前往富平送货。民警化装成问路的外地司机在路边等着他，直至约到车下。韦良很警觉，民警亮明身份后，他拿起修车使用的大号螺丝刀反抗并挣脱民警控制，翻越公路护栏一路逃跑。民警奋起直追，韦良终因体力不支，瘫倒在地，束手就擒。

市场钓出滚刀肉。“西安二道街太乱，我腰里装把刀就是为了防身。”在逃人员郭临被抓获后狡辩着。原来，郭临于 2014 年 12 月 16 日晚，带人手持关公大刀和木棒，砸了西安市雁塔区鱼化寨八家巷内重庆鸡公煲饭店，并将饭店老板及儿子砍伤后逃跑。2015 年 2 月 4 日，群众反映说郭临跑到二道街来了。民警李东军、艾思远等 3 人立即前去抓捕。傍晚的夜市灯火辉煌，商贩摊位密密麻麻，人来人往一派繁华。如何抓捕、如何引蛇出洞、如何避免损失，是需要反复考量的因素。民警在外围转悠多时，决定采取朋友约会的方式叫他出来，将其引到二道街抗大宾馆内。郭临到达指定地点后，被早已布控的民警一举擒获。在对其进行人身检查时，发现郭临腰部别着一把弹簧刀。民警李东军回忆起这个抓捕过程时，仍然心有余悸：那个滚刀肉要是反应快点儿，后果不堪设想。

延安站派出所有 19 名警力，属于延安处警力较多的作战单位。缉逃总数连续 3 年在全处排名第一，2013 年至今共抓获逃犯 247 名。这是一个团结奉献的集体。2013 年 6 月，所长仵新学的女儿正面临高考，而他一直坚守在岗位上，当月他就带领民警抓获逃犯 7 名，他在女儿高考前夕回家，与女儿开玩笑说：“孩子，爸和你比赛呢！”女儿嗔怒地抱着他："你哪是我的爸爸啊!"所里的缉逃能手李东军的家在咸阳，儿子是2014年出生的，到现在他也没有好好带过孩子，家里的事全部交给妻子打理，他在所里一干就是两三个月，回到家后一抱孩子，孩子都哭闹着不认这个爹。他刚刚与儿子培养出一点儿感情，又不得不返回单位，就这样一次又一次满怀高兴回家，纠结愧疚离家。延安处政治处主任陈枫发自内心地说："有了他们，延安的明天会更好!"

阳光生活

我是带着朝圣的心态来延安铁警的警营采访的。其间，我只在警营中转悠，准备完稿后再去朝拜我党的圣地，进一步净化心灵。在赶来的路上，我作了一首陕风《朝圣》。它不足以表达我对延安的向往，但是我那颗朝圣的虔诚之心又哪里容得下其他曲调，"神仙，神仙挡不住人想人/神仙，神仙也扶持着勤劳的人"。

延安铁路公安处管辖地处渭北平原、陕北黄土高原、毛乌素沙漠等地区，自然条件恶劣。我们在延安采访的几天，气温降到了零下26摄氏度，风吹着哨子，都能刮到骨头里。为什么越是艰苦的地方，越有不凡的成绩？艰苦创业精神、警营文化机制，给我们的卫士们注入了活力和动力。

进入警营，全都在春运一线，座谈走访中，"所所有特点、队队都争先"的积极向上的警营文化氛围打动着我们。在这里，文化育警不是虚的，"警营文化出警力、出战斗力"就是其内涵，"抵御不良文化"就是其效果。铁路公安局"十警理念"和"四好三强"环境的创建、结合实战的大练兵思路，引领着西安铁路公安局整体警营的发展。公安处机关的警营文化活动中心就投入巨资，基层各所队也结合实际，不断丰富着警营文化的内涵。那个“每月一星”，民警的工作实绩就和奖励评先相结合；那个“生活角、文化角、体育角”的“三角建设”，统一规划设计的办公楼走廊、大厅、院落，建立“大厅文化”“走廊文化”“橱窗文化”，设计布局合理，整洁美观，形式灵活多样，反映当前工作思路、宣传前沿科技知识、介绍名人格言、悬挂书画摄影作品等，形成文化视觉冲击力。蒲城东所从“创造一个小环境，营造一片小氛围”入手，提升了派出所的“家园文化”氛围；延安北所以“延安精神”为依托，全所共同动手，改变了派出所整体面貌；绥德所建起了小鱼池、养鸡场，开辟了小菜园，种植了多种蔬菜，如同当年的南泥湾“又学习来又生产”，民警们以所为家了。各种文体娱乐、书法摄影展览、岗位练兵比武活动此起彼伏。活力警营、快乐警队，那是我们从警时的梦想，就在这贫瘠的黄土地上结出了果实。

人守延铁三千里，家在长安七百外。为大家舍小家，没有内涵绝对留不住人，缉逃这个全国打响的品牌，是在领导、干部、民警“全员追逃”中奋战出来的，是在警营文化的内涵辐射下带动的。

西安铁路公安局局长白少强说：“颂歌唱给我们的民警。没有这么好的队伍，哪能有这样骄人的战绩。”朴素的话语，真情的流露。任何成绩的取得，都来自大家，延安精神已深入西安铁路公安局工作的方方面面。

诗人贺敬之在那里吟唱：肩膀的红旗手中的书。我们在这里呼应：心中的平安春天的歌。阳光照在延河上，时代呼吁共前进，高铁在跨越，我心在祝愿：延安处啊，一定会更好！

反扒状元叶礼加的六个梦想

[人物档案]

叶礼加，32岁，南京铁路公安处特警支队专业反扒特警。从警11年，共抓获扒窃犯罪嫌疑人462名，破获刑事案件635起，为旅客挽回直接经济损失150余万元。他荣立个人二等功2次、三等功8次，连续8年进入上海铁路公安局“反扒英雄榜”前十名，荣获全路公安机关“双争当”先进个人、“我为改革作贡献”岗位标兵能手、“江苏最美警察”提名奖的荣誉称号。

引子

南京铁路公安处的特警叶礼加，是战友口中的“状元”，窃贼仇视的“克星”，警界公认的“名探”，旅客赞誉的“保护神”，家人眼里的“工作狂”。

我的笔和键盘写他的动人故事有点儿生涩，我还是把他的采访录音整理了一遍，让你看到一个真实的叶礼加。他身高一米七八，圆脸小眼睛，身材壮实走路轻，说话声音低沉。读着他的事迹，跟着他的足迹，听着他的讲述，体味着这个32岁、质朴战友11年的反扒生涯，感动于他的6个朴素的梦想：从警抓小偷，特警震江湖，人心都向善，天下再无贼，战友都安全，全家在一起。

让我们静下心来，听听叶礼加的梦想，分享他的喜怒哀乐，感受一下执着与精彩、辛酸与幸福、挫折与成就的历程，体味“反扒状元”钢铁炼成的青春人生。

从警抓小偷

每个人都有自己的梦，我从小的梦想就是当警察抓小偷。2005年8月，我从郑州铁道警察学院毕业后，分配到南京东站派出所当了一名治安民警。报到的那天，坐在东站所的警车里，我兴奋地感到学校所学即将派上用场，当警察抓小偷的梦想就要实现，按捺不住地兴奋。可是等汽车停在那个前不着村、后不着店的线路编组场，没有客运，如何抓小偷？琐碎的防范工作令我迷茫：现实太残酷，梦想好遥远。

2006年的大年初四，我被选拔到南京铁路特警支队。不想一次偶然的机遇，让我与反扒结下不解之缘。到湖南怀化执行任务时，一位老实巴交的农民工跑来，“扑通”一声跪到我面前。他哭着说：“我在合肥一个小饭馆干厨师，省吃俭用攒下了1.5万元钱，拿回家去救急，没想到刚下火车，发现裤子被划破了，缝在里面的钱不见了。”当时我很难过，很气愤，把他领过去报案登记，安慰一定把钱给他找回来。我是个农民的儿子，对农民生活的艰难有切身体会，我恨不得自己出击，把那个害人的窃贼揪出来。

从湖南回来的第三天，支队组建“铁鹰大队”，专司反扒。我没有丝毫犹豫，凭着初生牛犊不怕虎的劲儿，第一个报了名。一天晚上，我提着旅行包假扮成旅客准备上车，这时，一个空着手的小伙子挤到我前面，用手拉开了前面女孩儿的双肩包。我特别激动，慌乱中不小心碰到了他。他掉头看看我，立马就离开了。我体会到了挫败，但队友们安慰我说：“防止了一起盗窃也好啊。”我想明白了：抓贼光有热情不行，还要先学功夫。

当时公安处有很多前辈是反扒高手，陈建文、储涟辉和沙鹏，抓贼无数，号称南京铁警“反扒三剑客”。我登门拜访，自报家门，虚心求教。他们听出了我学习的诚意，将自己的反扒心得悉数相授！一次，我跟着“三剑客”反扒，一个披着大衣的男子刚走过来，陈建文眼神一递：“把他铐上！”我当时就愣了，没看到他偷啊。我迟疑着给他上了铐。陈师傅从男子兜里掏出个钱包来，扔给失主，让贼又演示了一遍作案过程。通过“现场教学”，我这回看清楚了：贼用披着的衣服作掩护，遮挡了别人的视线，得手了别人也看不出来。

我经常跟着“三剑客”打现行，慢慢地熟悉了窃贼的作案手法和伪装伎俩，谁是小偷，我都看得八九不离十，并能一跟到底当场抓获。有时候找不到座位，就买张报纸坐在地上，或是在难闻的垃圾桶旁随意一蹲，要是碰到态度不好的乘务员还被呵斥赶来赶去——警察证和免票证就装在口袋里，但不能拿出来，也不能明说，否则就暴露了。警察研究贼，贼研究警察，稍有风吹草动就前功尽弃。

我第一次独立抓到贼是2006年3月16日，我和队友在常州站西侧花坛边的人群中坐着。凌晨2时许，一个瘦高的男子在花坛边游荡。他盯上了躺在花坛上睡觉的中年男子。在环顾四周、确信无人注意后，瘦高男子迅速蹲下身子准备下手。我确定他就是小偷，激动得浑身打战，也很紧张，生怕贼发现我盯住他了。当时天气还比较冷，广场的人不多。我就侧着头，用双手蒙着自己的眼睛，把手指分开，通过指间缝隙观察他——我在寻找最佳的抓捕时机。当他偷了部手机得手准备开溜的瞬间，我一个箭步冲上去，从后面将其掀翻在地，人赃俱获。我感受到了“零突破”的成功喜悦。我想：一定要把那些害人的蠡贼抓尽，让旅客不再流泪。

我知道这个工作需要吃大苦，天下大事哪个不是吃苦得来的。在临客上防范时，跟踪六七个小时是常事，最长的近20个小时；对扒手来说，吃喝拉撒全不耽误，但我们不行。为了不把目标跟丢，连厕所也不多上，水也不多喝。我练就了上岗后长时间不吃不喝、连续跟踪的硬功夫。过去的案件都发在人多拥挤的硬座车里，拎包、掏衣兜、偷睡觉者、偷挂着的衣服等。很多扒手还组团出动，分工明确，有人放哨，有人寻找目标，有人掩护。一些老贼还会主动与反扒民警搭讪，打消民警的怀疑，干扰视线牵制精力，好让小偷们干活。这就是耐力和智力的较量，看谁沉得住气，看谁甩得掉谁。

我的“易容术”也很成功。有一次，跟我一起从警的战友来特警支队办事，我刚从外面回来，进了家后放松了，忘了卸装，就随便地跟他打了个招呼，可他满眼疑惑地问："老伯，你谁呀？我不认识你，声音挺耳熟。"我顿时明白了，当场卸了装。哥俩相识，哑然失笑。战友们看着我们忘情的样子，把个"易容的乌龙"传开去，有人还调侃："同行十二年，不知木兰是女郎。"这也增强了我对化装反扒的自信。

但是我也有自己的遗憾。穿着帅气的警服，是我一直的梦想。我从小到大羡慕穿制服的警察，等到自己真的当了警察，几乎没有时间穿这身衣服。因常年从事反扒，一直穿着便衣，警服挂在办公室衣架上，都落满了灰尘。反扒时猫在一个不为常人注意的角落，就像猎犬一样蹲在那里，守着小偷动手的那一瞬间。正因为这个原因，每次难得回家，我都赶紧套上警服，只有在家里穿上警服过过瘾，为此还多次被爱人戏称"臭美"。

特警震江湖

特警的工作和生活虽然艰苦，但十分精彩。我先后参与了2008年以来的大多数重大安保专项任务。经历了几大援外任务的洗礼，磨炼了我的意志。我感觉到特警反扒练手艺，不但能让百姓少受损失，而且保持战斗激情保持敏锐，还能实战训练体能，是一举四得的好事。我一定要干好，见贼不放，打出特警反扒的江湖，威慑蠢蠢欲动的其他不法分子。

长期反扒，身份容易暴露。我经常更换车次，变换身份，留意不同人群的特点，私下里揣摩模仿。有时我是拄着拐棍、戴着老花镜的老大爷；有时染头发、西装革履、架上副金丝眼镜，装扮成时尚型的"白领"；有时穿上一身脏衣服或工装，再搬个纸箱，就成了搬运工人。我觉得：做一个反扒民警，就应该能舍得下面子、放低姿态。反扒要经常变换身份，才能不被扒手发觉。

新年开局破大案。2016 年 1 月 12 日，旅客任某从上海虹桥乘坐 G7126 次列车到常州，下车时发现放在行李架上手提包内的现金被盗，其中有人民币、欧元、港币，折算合计 9 万余元。南京铁路公安处当即成立专案组开展调查。我在实名制购票信息中发现，田某的乘车轨迹异常。调查走访、调取购票录像、辨认确定，系王某持田某的身份证购买，因王某受过打击处理，我们很快查到了其身份信息。同车邻座的一位旅客反映，确有一男子动过手提包，他看到的就是王某。但是没有过硬的证据，证明王某当日的盗窃得逞。2 月 24 日，我在实名制购票信息系统推送信息中，发现王某要乘坐当日一趟合肥南—镇江的高铁。我和战友高智安化装成普通乘客，商定到苏州站守候抓现行。25 日 8 时许，穿着红色外套的王某来到南京方向候车区，我们跟着他上了 G7004 次列车。当时车厢超员，他坐好后周边没有空位子，我们分开远远地站着。列车快到常州站时，王某行动了，他麻利地从座位上方的行李架取下一个旅行包，翻动了几下取出东西把包放回原处。之后背上自己的黑色双肩背包，起身到车厢连接处，盯着车厢的动静。列车一停稳，他第一个挤着下车了，我尾随着他。车还没有开，老高电话就来了，旅客说包里的 7600 元钱没了。站台上的常州所民警一看我的狠劲儿，就明白是怎么回事，我做了个手势，他们立即与我合围，把王某截获在站台上，从其上衣口袋内提取了其盗窃所得的人民币 7600 元，动都没有动过。看我摘了眼镜，王某发现是老对手，不但交代了当日的盗窃，还说他心想 1 月 12 日在 G7126 次列车发了笔大财，既然平安无事，何不再来一票，没想到猎人早已张网以待。新的一年，我们又在战斗中起航。

识破“富翁扒手”。2011 年 4 月 3 日，一位拎 LV 挎包的旅客包中的 16 万元现金莫名其妙地被扒走。公安处专案组根据发案现场旅客反映的情况，获取了嫌疑人购票时的监控录像和截图照片，发现另一名提着 LV 拎包的男子极为可疑。我从公安部数据库里调取了作案手段为“掏芯”的湖南、湖北、四川、河南、东北籍的盗窃犯罪嫌疑人照片。海量库存，分工轮流，逐帧比对，终于确定梅某有重大嫌疑。梅某，男，33 岁，安徽人，住在苏州。嫌疑人确定了，可找不到本人。我琢磨着肯定有办法，在查询梅某的车辆信息时，发现 32 岁的安徽籍女子王某曾经开梅某的轿车违章被处理，而梅某的银行卡的近期取款录像中，是一个 30 岁左右的女子（录像反光，面部看不清楚）。这两个人肯定关系不一般。查询旅馆业信息系统时发现，梅某和王某有多次共同入住一个房间的记录，他们系情人关系。顺藤摸瓜，梅某很快落网。令我有点惊异的是，他当时身上的全套装备就值 20 多万，哪像个小偷啊！多年前他是个专业扒手，多次打击教育后改邪归正，生意做得风生水起，发迹成了千万富翁。难道是故态复萌、一时技痒？原来，事发当天，他去外地谈生意，见到乘客价值不菲的 LV 包与他撞包了，突然有了玩玩的冲动，自以为做得天衣无缝的他，没想到事隔多日，还是没有逃出铁警的掌心。千万富翁扒窃作案，成了当时新鲜的话题。

“机警民工”箭出弓。太阳火辣辣地炙烤着大地，我穿着民工服装，坐在南京站前广场的一个垃圾箱旁，脚下放着一个脏兮兮的大包，手上拿着一瓶 1 块钱的矿泉水，仰头“咕咚咕咚”喝下了大半瓶。其实，我的眼睛一刻也没有离开过火车站进站口。趁着乘客们排队进入候车厅时，一个已经瞄了多时的扒手贴上乘客，手伸到了浑然不知的乘客背包中。说时迟那时快，我扔掉手中的水瓶，一个利箭出弓，扒手的头被我钳制按压，而刚拿到钱包的手则被反向抬了起来，如同缴械投降，手铐发出清脆的“咔嚓”声，扒手落网。乘客反被吓了一跳，回头一看，那个刚被手铐砸准的手上，自己的钱包晃动着，如同诱惑他的把戏一样。他如梦初醒，自己的钱包差点儿就易主了。当我亮明身份时，他带头鼓起掌来，进站口内外，掌声响起来，我心在澎湃，有过多少回等待，才有多少的成果。

特警的反扒江湖，不是传奇！

人心都向善

有人说：干一行，烦一行。我不敢苟同。有人说：长期干一件工作，会有审美疲劳。我也不赞同。立即有人总结说：我有四种秘诀助力，让我抓贼的激情始终保持“鲜味”。实际上，哪是什么秘诀呀！

比如说：永远不服输的坚定信念——这不是这么多年党教育的结果嘛！真正的感觉是：原来看到战友抓到了，自己没有抓到，心里那个急啊，真是难以言表，我不达目标绝不收手，现在是抓多了收不住手。不甘人后、勇于争先的精神，有点儿拔高，实际上就是不能被战友看扁，不能让关心我的领导和朋友失望。但是我内心却祈望人心向善，少一点儿鸡鸣狗盗、坑蒙拐骗，让勤劳者收获希望。但小偷不停止，我们也不能空等着善良从天而降——抓坏保善，惩恶扬善，让奋斗者不要失望。

还有人说：每案必析的习惯是秘诀——实际上这是干工作的必然路径。不同的是过去也在搞案例分析，有点儿生硬，我不过就是把这些案例归类，编成了故事，并总结出了“五看一听一记”（看眼神、看衣着、看携带物、看举止、看行为，听言谈，记体貌特征）识别技巧，编了口诀“一看眼神，二看手，三看神态，四看走”，运用于实战中而已。这些大家都知道的技巧，我做到的就是“人人心中有，个个笔下无”——形象地总结了一下，要算秘诀也靠谱。

也有人说：你喜欢与扒手斗智斗勇的感觉。我虽然对“快感是刺激的灵药”的观点不爽，但也确实喜欢那种与高手对决、斗智斗勇的挑战方式，如同剑客过招，比的不仅仅是武艺。2008 年 9 月 10 日，南京站高铁上连续发生多起旅客财产被盗案件。战友们按命令分两组在各站台交叉工作，加强防范。我和徐卫东一组，每天早 6 时前就到南京火车站，赶上送第一列动车，连续 4 天都平安无事。9 月 14 日是中秋节，我们依旧早早来到岗位。8 时 20 分许，一个 30 岁左右、穿黑 T 恤的平头男子进入我们的视线。他来到 6 号车厢后，就把自己随身携带的单肩挎包放在座位上方的行李架上，顺手把旁边的一个咖啡色手提包取下来，坐在座位上就开始翻包。我们上前抓获后审查发现，该男子姓黄，虽然当场作案价值不大，但我们认为这样老到而肆无忌惮地盗窃，肯定有案底在身。继续审查下来，另两起涉案价值 1.5 万元的案件浮出水面，我们乘胜追击，抓获另一名专门在高铁开车前盗窃的扒手刘某，查实了 3 起积案、1 起隐案，价值达到 3 万余元，稳固了列车治安。

有人说：叶礼加，你要的是为旅客挽回损失的成就感；你在乎的不是掌声、不是锦旗，在乎的是旅客对警察、对你辛勤付出的认可。这一点可是说到我心里去了。反扒民警在寻觅小偷的蛛丝马迹，小偷也在警觉地注视着民警的动向。2012 年 2 月快过年时，沪宁高铁发生多起旅财案件，我奉命参战，白天调阅南京、常州车站监控资料，查找蛛丝马迹，夜间到车站和车上蹲守，耗了多日，专案组终于从“资料的大海中”找到了嫌疑人的清晰正面照片。

我主动请缨到南京火车站售票厅守候，守到第四天，2 月 7 日，发现目标买票上了 G7133 次列车 6 号车厢，我奉命随车跟踪。在列车快到常州火车站的时候，他站到 6 号车厢的过道里。列车停靠常州站后，其他的旅客都开始下车，车厢里稍微有点儿混乱。此人手脚很快，趁着乱象，他迅速从行李架取下一个黑色电脑包，快速窜至车门位置就下车了。我从前面截住他后，他又上车了，并狡辩说上错车了。我说：“我也跟你上错了，看你随身小包外，什么也没有拿，怎么多了个包?”他立即改口说：“哎呀，有个一样的包，睡得够沉的，怎么糊里糊涂地拿错了，你帮帮忙还回去，不要贻误我坐车。”我表明身份，严厉地警告他：“别装了，你的情况我们已经掌握，你有权保持沉默，先跟我走。”

旅客们主动让出一条道，欣赏着这一出活生生的戏剧。群众认可的成就感，让我在反扒的岁月里乐此不疲。经查，此人刘某，正是重点犯罪嫌疑人。在铁的证据面前，刘某的防线全面崩溃，交代了近期在京沪高铁上共作案8起，所有赃物都销售给南京的王某和合肥的周某、李某。我们当天又分别在南京、合肥，将3名销赃人员抓获，一举成功端掉了这个活跃在高铁上的盗窃团伙，查实他们在一个多月内，共计作案8起，涉案价值5万余元。赃物发还时，失主都觉得如同做梦，铁路警察的形象高大了许多。

天下再无贼

天下再无贼，是我的梦想，但是树欲静而风不止，这个梦想实现着实不易。

我从警11年，反扒就10年。抓获扒手多，破获案件多，挽回旅客经济损失多，多到我都记不清了。连续8年进入上海铁路公安局“反扒英雄榜”前十名，先后荣立个人二等功2次、三等功8次，其他荣誉称号很多。组织对我厚爱有加，一直是促我前进的力量。但是荣誉越多，说明抓住的扒手越多，说明侵财犯罪不减反增。我琢磨着：为什么社会发展了，生活水平提高了，这类犯罪还多了呢?是人的物欲助长了犯罪吗?

多年来，我走遍南京铁路公安处管内的每一座车站，练就了一双能在茫茫人海中辨识扒手的“火眼金睛”。一次，我被抽调到湖南长沙反扒，我和随警作战的宣传干部拉起家常时，我的眼睛不看对方，总是左顾右盼。我向他解释这是反扒民警的“职业病”，跟谁说话都对不上眼神，周围要是有多少个人，恨不得将每个人都兼顾到……我这样说他有点儿不理解，认为干什么事情必须聚精会神。突然，我发现了情况，大喝一声：“你哪里跑！”侧过身去，一把抓住个掏别人钱包的男子。这一突发事件让已目瞪口呆的兄弟相信，不同职业需求不同的注意力。

反扒神探、状元、高手都是大家封的。我喜欢天下无贼，大家会防贼，共同打击、抵制贼。我教你防扒一招儿：坐高铁时，行李应放在自己一睁眼就能看到的地方，乘客的防扒，无非就是多留心。除了放行李有讲究，到站的前后，也要提高警惕，不要睡了，看着自己的行李，是否还在对面行李架上，是否被移动或翻动过。一定要将贵重物品随身携带，名牌拎包更应拿在手上，放在行李架上或挂在挂钩上，就成了吸引扒手关注的焦点。

当初学艺时，公安处二级英模刘云就对我说：“一个人会不是会，战友们都会才是会。”我利用公安处开展的“名师带徒”活动契机，轮流带领年轻队员在干中学、在学中干。

我“先教”他们把握抓贼的战机，反扒的要害就在“抓现行”，这需要极强的耐力和韧性。“二教”他们怎么与车站、列车工作人员说话和打交道，那样可轻松地获取对我们有用的情况，包括与客运民警和乘警交换情报，收集动态信息，掌握站车治安动态。“三教”我总结出的识贼技法，促使他们掌握识别犯罪的真功夫。“四教”他们学会吃苦，不管刮风下雨，不管春秋冬夏，我坚持每天上车站、钻车厢，带着教授如何观察每个人的衣着打扮，悉心揣摩每个人的行为举止。“五教”他们手法，我手把手指点，将反扒常用的信息搜集、网上跟踪、现场蹲守和抓捕审讯等一套程序要求，实战练兵传授给年轻队员。

亲自带领、培养新人、相互促进，产生了最好的学习效应。2012年6月27日，我在南京站广场发现一人形迹可疑，便安排新队员王磊跟踪，自己在一旁协助，抓获嫌疑人。案件办完后，我又与他讨论案件的细节，分析其中得失，进一步完善工作环节。8月14日至15日，我带领新队员高杰连续抓获两名扒窃者，实战中教学激发了活力，全队先后涌现出翟龙等6名反扒新秀，其中两人荣立三等功。

天下无贼，这是我的心愿，也是千千万万人民警察矢志不渝、为民奉献的共同心愿。

战友都安全

反扒工作充满危险，特别是在现场抓捕。有的犯罪分子仗着人高马大，以武力拒捕。我在抓捕中曾两次受伤。“战友都安全”，是我的梦想之一。万里江山得有人守，保护自己才能打击犯罪，才能保护人民。反扒最需要默契的配合，一个眼色、手势、动作都彼此明白，不用过多解释。多年工作中，我和老高、老赵成为默契的搭档。

老赵是赵德兴，今年57岁，在2015年的反扒工作中，我和老赵一起搭档了将近两个月。老赵一直从事刑侦重案工作，反扒工作接触少，加上年龄大了，眼神不太好，在茫茫旅客中发现扒窃嫌疑人有点儿困难。但由于其拥有丰富的破案经验，一旦贴靠上扒手，他们很难察觉出他是便衣。2015年8月23日，我们跟踪两名可能要在高铁上作案的扒手，老赵在车厢连接处用手机录了像，包括一名嫌疑人从行李架上取包、翻包、把钱从包里拿出来放到自己裤子的口袋、把包放回行李架，以及把偷来的钱从裤子口袋装到自己手提包的完整过程。他打电话一震铃，我们就把犯罪嫌疑人王某堵在7号与8号车厢连接处，很轻松地抓住了，从其包内提取赃款1.34万元，之后又在5号车厢将其同伙熊某某抓获。王某交代说："我当时听到有人打电话说'你们快过来'，就知道完了，但是没想到这么大年纪的人会是便衣。他把整个作案过程都拍了，没法再赖了。"押回审查时，他们交代在本次列车5号车厢也盗窃了1217元，以及2015年8月21日在G7123次列车2号车厢盗窃一旅客包内2300元的犯罪事实。与报案情况查实及旅客失窃情况核实后，一举抓获2名扒手破获3起案件。大家都夸赞老赵快退休了这余热发挥得漂亮，取证意识值得我们学习。老赵也很高兴，说和年轻人一同工作有劲儿，按照时髦的说法"给力"！警营里面，充满欢乐的气氛。

老高叫高智安，今年53岁，他有着丰富的破获大案、要案的侦查经验，加上他身材偏瘦，穿着简朴，本身给人的感觉就不像警察，对跟踪扒窃嫌疑人更是得心应手，多名嫌疑人扒窃得手后，都栽在他手上。由于我们大部分案件的旅客都要跟车去远的地方，旅客被盗后，为不耽误旅客的行程，我们一般都跟车给旅客做笔录，老高笔头快，能给我们节省很多时间，极大地提高了我们的办案效率。那天我们3人出击，一举而成，很快就办完了案件，这让我从心里感激他们，让我觉得自己不再是独行大侠，而是与友并肩，笑傲江湖。

眼力、耐力、体力是我反扒中最深刻的体会。高铁时代，高铁旅财案件频发，与旅客上车就睡觉或者玩手机的低头习惯有关，与客运重仪礼轻查防易使作案者窜逃的实际情况有关，更与现代人爱露财、轻防范的习惯有关。以快制快，打防结合，旅客自防，客运严查，才能消除快速侵财犯罪滋长的土壤。

所谓"眼力"，就是要能发现嫌疑对象。在车站和火车上，哪个是小偷？怎么分辨？如同大海捞针一样。我摸索出的"五看一听一记"

就是识别技法。高铁时代，我突破传统工作模式，将侦查视野向地方公安机关延伸，针对长途汽车和飞机上类似的案件很多，扒手相对集中在某省某区域。利用公安网检索，我逐步收集扩大着犯罪嫌疑人的资料库，通过旅馆业信息，对重点地区的人员进行检索，从而掌握了一批在我辖区高铁上活动的犯罪嫌疑人，熟悉他们的体貌特征，利用网上实名售票系统，不断过滤筛选重点，开展有针对性的打击。

谈到“耐力”，其实就是盯梢、守候，精神要长时间保持高度紧张。无数个昼夜连轴守候，无数次长期在外出差，反扒队员还要忍受严寒酷暑的考验和昼夜颠倒的折磨。子夜时分，我们还在悄然注视着车厢里的异动；熟睡的旅客多，正是小偷干活的好机会。每逢节假日，我们总是隐身于滚滚人流。有时候需要连续很多天昼夜颠倒，有时候必须不吃不喝不上厕所。反扒工作就是猫鼠同步，警察跟着小偷转，生活没有规律，与对手比的就是耐力和韧性。我们日夜的守候，换来旅客安全的行程，苦累也值得。一个月连续上 20 个夜班是常有的事情。几年的夜班下来，我的生物钟已经颠倒了，一到白天，头脑昏昏沉沉，太阳一落山就跟猫头鹰一样！盯上一个对象，不管他何时下手，我都耐心十足地等着。夜间活动的小偷，有机会他就下手，没机会他找个地方窝一觉，可我们不行，扒窃就是一瞬间的事情，不能错过其下手的那一刻，盯死看牢，等他醒来继续跟踪。记得 2013 年春运节前高峰，学生、打工者挤火车赶回老家过年，这时候也是扒手大发横财的黄金时间。一天晚上 23 时，我和队友化装成农民工兄弟在常州火车站候车室防范，发现一名嫌疑对象，但他并没有在车站干活而是挤上一辆开往四川方向的快速列车。车上人贴人，人山人海，过道里、车厢连接处都挤满了旅客和行李，连上趟厕所都困难。我和队友紧随其后一路交错跟踪下去。不知道扒手是嫌弃旅客的皮夹太“瘦”没有多少油水，还是旅客太多施展不开，一直在人群里如泥鳅一样挤来挤去，我们只能耐心等待。直到次日中午13时，他手夹刀片割开棉袄窃得一个钱包正准备转身潜逃，我迅速抄到背后，一把搂住，大声喝道：“别动，我是警察！”那男子丢下包就想逃，我一记反肘便将他摁倒在地，一副锃亮的手铐牢牢地铐在他的手上。打开包，里面厚厚的一沓，共计人民币8000多元。此时列车行至河南省境内的鲁山站，行程超过1100公里，我们最终胜利返航。

何为“体力”。反扒就是要与犯罪分子直接搏斗，有时候非常危险。2012年7月正值暑运高峰期，学生流、旅游流叠加交织，车站人流涌动，8日早上10时许，G7129次列车在南京站10号站台停靠，我和队友林仲奋在南京火车站站内开展便衣防范。10时许我发现G7129次列车7号车厢门口一个挎黑色相机包、身高约1.85米的光头彪悍男子怎么看都不顺眼，直觉告诉我这人有问题，于是我就在车厢外面远远地盯着他。我看着光头进入7号车厢后，直接从行李架上拿下来一个黑色的行李包，并坐在座位上开始翻包。我当即断定是小偷显形，一个箭步迈向光头的座位后面。光头正从包里拿钱并放在旁边的座位上，然后要把包放回行李架，我立即上前抓捕。谁知光头把包一扔，就往车外跑。我追上去将其扑倒在地准备上铐，此人仗着人高马大拼命顽抗，与其搏斗约两分钟，战友林仲奋赶到，合力才将其制伏。我这才发现自己两个膝盖表皮大面积擦伤，脸、胸部多处被踹踢抓伤。简单到南京火车站卫生所处理伤口后，我们展开对嫌疑人的审讯，直至凌晨3时固定相关证据后才返回驻地。审查中获知，光头刘某当场盗窃旅客现金5800元，并查实其于7月5日，在本站本车厢盗窃旅客现金1万元、尼康相机1台和苹果手机1部的犯罪事实。侦破现行特大案件1起，隐案2起。他没有料到自己第三次行窃就被抓了个正着，跑都跑不了，碰见硬茬儿，只能认栽。

全家在一起

对我来说，反扒不仅是工作，更是一种乐趣。我最兴奋的就是等到贼“下活儿”的那一刻。一步冲上去，来个人赃俱获，那种成就感，那种甜蜜感，足以让人忘掉所有的疲惫。记得刚入行，师傅曾语重心长地告诉我：反扒是个良心活儿，别人很难监督你的工作，约束力也不强；只有真正爱这个岗位，才能把工作做好。否则，愧对民警这份职业，愧对旅客的信任和期望。

师傅的话我记心里，在我懈怠时鞭策我，在我气馁时鼓励我，而且我也另有感悟：如同有人说的，作家你不能有了灵感才写作，只要写着，才有神来之笔；领导你不能等有了思路才去抓工作，只要你抓着工作，才会有发现、有思路；那么是不是也可以这样说：反扒你不能等有了机会才去抓，只有去现场吃苦抓小偷，才有更多的发现和机会。总之一句话：不能自我松懈、自我放纵、自己给自己找借口。

做好反扒工作，必须承受严寒酷暑的考验，不计个人得失。我家在连云港，不远不近，但经常一两个月才能回次家。为了不负众望，我不能停止抓贼，为了旅客不流泪，我宁愿自己多流汗。成年累月在车上熬，吃不好睡不着，与小偷斗智斗勇，虽然只有32岁，我看起来却老许多：皮肤黝黑，背有点儿弓，脸上有了皱纹，头上有了星点白发，身体也过早地发胖，唯有一双闪亮有神的眼睛让人感到特别。

我获得了无数鲜花和荣誉，有组织关爱，也有家人在幕后默默的支持。我无法顾及家庭和亲人，一家三口长期分居三地，一年也见不到几面，爱人说我把家当旅店。她是位人民教师，在江苏灌云县某中学，因教学任务繁重，将刚满两岁的儿子托付给在无锡打工的爷爷奶奶扶养。我是个农村长大的孩子，我不怕吃苦，但我怕欠亲人的太多。我不在家，柔弱的爱人什么都干，换煤气、扛米上楼、接水接电……

爱人第一次怀孕不幸流产，我在外执行任务；中秋节，万家团圆的日子，我在列车上反扒，只有通过一轮圆月寄托对亲人的思念；和爱人结婚这么久，还没有真正陪她逛过一次街；爱人生育时，我正在火车上啃馒头、盯小偷……家里事都得靠她，既当爹又当妈，真的很累。我心里一直也很愧疚，所以一有空我就尽量多干活，争取一个好表现。

儿子两岁时，我们在一起的时间，总共不超过 60 天。见面少，儿子都不会叫爸爸，会说话了，我逗他：叫爸爸。他望着这个“陌生人”，叫我叔叔。岳母笑出了泪水，解释说：“我指着照片教他叫爸爸，时间长了，他爸爸、爸爸叫起来没完没了，你回来了他又叫不出来了，可能是没有对着面学着叫爸爸。你看他正在认你哩，是不是照片上的爸爸。”我和爱人眼里的眼泪直打转，但是又感觉那么温馨和快乐！一天傍晚，我胡子拉碴地拖着疲惫的身躯从外地反扒回来，看到已一个多月没见的儿子，顺手想把他揽到怀里，儿子却吓得哇哇大哭。直到儿子基本会说话了，他才叫了我一声爸爸。

有一次，孩子夜里突然发高烧，我不在家。当爱人到医院时才发现现金不够，而医院的刷卡系统又临时出了故障。她跨过空旷的大街，到对面的自助银行取款，这种时候她是多么需要我啊！可当孩子打上点滴，她拨通我的电话时，我却不等她说话，就挂断了：“老婆，我正忙。”满腹委屈的她，纵有千斤担当，也止不住泪水夺眶而出。

我抓贼上瘾，不管在哪里，见贼就抓。儿子过“百天”时，我们一家三口去照相馆。一上公共汽车，我就没影了，车前边传来“扑通”的声音，乘客说有人抓着了小偷，妻子一听就知道是我。她又气又怕，急忙从后门下车抱着孩子回家了。2014 年一次特警集训中，我右脚踝意外扭伤，但接到“铁鹰”行动的命令后，我二话不说就去了。我化装成“伤病员”进站上车，成功地在常州—无锡的 K1181 次列车上抓获 3 名盗窃旅财的犯罪嫌疑人。

其实，当老师的爱人非常理解我的工作，也在默默地支持着我。她只是期望我能每天给家里打电话报个平安。我一人在外干的是与魔鬼打交道的活儿，安全问题最让家人挂心。她也期望全家人在一起，我能多陪陪他们娘儿俩，她就心满意足了。在老家连云港生活的她还有个心愿：“想等叶礼加闲了的时候，带我们也乘趟高铁，带我们到南京看一看。他在南京工作了十年多，我们还没好好逛过一次南京城。”只是不知，她的这个心愿什么时候才能实现。

从无名小卒到反扒神探，付出多少，我说不清楚，但是组织对我的关怀和亏欠家人的，我清楚。无暇顾及柔弱的妻子和刚刚蹒跚学步的儿子，在心底，我有的是对妻子和孩子的无尽思念，有的是对父母妻子对自己牵肠挂肚的愧疚。我常常读余光中的《乡愁》，那股浓郁的思乡情结，时常在夜深人静、万家团圆的日子里扑面而来。而这也没有动摇我反扒的选择。

与犯罪分子斗智斗勇，经受犯罪分子利诱考验也是常态。不少被我抓获的窃贼为了逃避打击，都会以金钱相诱惑，说只要放了我，成千上万都可以给你。然而面对这些利诱，我毫不含糊、断然拒绝，一身正气，两袖清风，心里踏实。这种事每年有好几次，10 万左右是有的。不是我恃才傲物，而是我有底线，我是旅客的保护者！金钱方面，我知足常乐，单位在南京给我优先办理了福利房，我没有房子的拖累，只要他们娘儿俩能过来，我就没有什么牵挂的了。听着外面唱的《常回家看看》，有的人可能也烦，但我心里始终热切期盼。有人问我要不出去反扒，下班后我干什么。也就是和战友们踢踢足球，打个扑克牌，住在单身宿舍，回去看看电视，上网浏览体育新闻、玩玩网页游戏，看看电子小说。偶尔和朋友小聚，喝点儿小酒，我一个人从来不喝酒。我不喜欢逛街、逛商场，是个路盲，来南京10年了，除了几个景点，都不知道南京哪是哪……

听着听着，笔者与叶礼加同激动、同愤怒、同流泪、同做梦。让我们用他的一句话为几年的交心作个结语吧：“如果我是一束光，我会选择扫除阴霾，点亮希望；如果我是一滴水，我会选择滴入大地，润泽新生；如果我是一棵树，我会选择扎根大山，绿野千里。反扒，体现我生命价值的选择，我会继续努力。”

民警周荣亮的平安事业

[人物档案]

周荣亮，32岁，现任上海铁路公安处上海站派出所治安刑警大队大队长。从警11年，他始终战斗在维护上海站治安稳定的第一线。面对久治不愈的治安难题，他十年磨一剑，带领战友持续整治。上海站刑事、治安案件逐年下降，治安走向有序可控。他荣立个人三等功7次、二等功1次，被授予全路公安系统、上海铁路公安局“百名标兵能手”、上海市春运先进个人，上海铁路公安局授予他“十大高铁卫士”“十大青年民警”“十大群众工作能手”荣誉称号。

上海站治安民警周荣亮有他的平安事业，“还上海站一片安全有序的晴空”不是大话。他的幸福生活就是守护上海站治安面的平稳有序。他只要谈到工作很快就能进入状态，就像猫遇见老鼠，双眼炯炯有神，一下子就把我引入场景。刚一接触，我就被他深深地吸引，因为我喜欢对工作和生活有激情的人。不妨让我带大家走近民警周荣亮，共同感受他的平安事业。

十二小时认定真凶

2016年1月9日23时6分至25分，上海市公安局“110”接到两起爆炸警情，有人用固定电话报警称上海站东南出口有两颗炸弹，后又扬言要在上海站南广场绿化带左侧实施爆炸。上海铁路公安处上海站派出所接到指挥中心命令后，立即在车站东南区域开展地毯式搜查，公安局处领导率领反恐处突力量赶赴上海站，地方警力支援策应。一时间，上海站及南广场周边，警灯闪烁，交通管制，各式警车呼啸而来。特警出击全副武装、沉稳搜索，携犬民警机警游走、缩小空间，排爆警察等待目标、排除险情，维序和管制民警随着外围无险，疏导车流人流。但是，通过分区搜查、全面扩展，没有发现问题。

与此同时，上海市闸北站区派出所通报：“23时28分，我所回拨报警电话，有男子立即接听，要求民警20分钟内赶到上海站6号候车室，否则就实施爆炸。”维序民警会同客运疏散旅客，搜爆民警接着搜查6号及相邻候车室，但仍未发现爆炸装置及可疑物品——难道是假报警？搜查及疏散、警戒工作丝毫没有放松！

搜爆组传回来确定结论：专家、仪器、搜爆犬全面搜爆，均没有发现爆炸物品。疏散组传回来放心消息：规定时间过去一个小时，并没有爆炸发生。排查组传回来外围查证：近期没有暴恐分子入境，本地重点可疑人员管控到位。指挥部一声令下，忙活了3个多小时的反恐应急处突队伍撤回。

给群众一个放心的交代，给上级一个明确的答复，就要靠上海站派出所民警查证的结果了。周荣亮受命侦破这起“假报警”构成的“以编造、故意传播虚假恐怖信息案”。

一看到报警电话号码，周荣亮就确定了电话是上海站南广场东西两侧两处公用电话亭的，他们在布控做好排查的同时，听取了报警录音，不断回放南广场监控录像。视频监控基本能把电话亭周边覆盖，只要对象打完电话离开，就会进入视线，但因灯光和镜头的角度不同，只能看清大致的身材和习惯动作。他循环回放着该时段的视频，慢慢地看出了门道。夜间的旅客较少，来回走动的也就六七个人，他记住了他们各自的特征。折腾了一夜根本就无法睡觉，他与民警张烜敏来到上海站南广场，当时已经是第二天的10时了。

他边走边想：为什么要扬言爆炸？难道是为了看热闹？虽不是敌人的试探，但肯定系同一人所为。在监控视频中，两次看到同一个男子手里拿着一瓶“百岁山”矿泉水在两个电话亭间走动，两次听到同样的声音报警恐吓。

转了几圈后，他用犀利的目光搜索着周边，广场的地下车库口的一名男子进入了视线——“百岁山”矿泉水。不会是他吧？他心里直犯嘀咕，走上前去，出示工作证，询问情况：“干什么呢?”“没地儿去，暂时待一会儿。”“什么时候来的?”“来车站广场两天了。”应该是他！

他不动声色地与他对话：“为什么不走?”“没有钱，两天都没有吃饭了。”“怪可怜的，给你饭吃，再去救助站求助买票送你回家。”来到派出所后，他们端上热水，买来饭菜。饿极了的男子略作推让，一阵狼吞虎咽、风卷残云。周荣亮主动与他攀谈：“叫什么名字？昨天打过电话没有?”“我是陈某某。又没手机，没有打过。”“用公用电话和警察开玩笑了吗?”“不是故意的，只是觉得好玩儿。”哈哈，就是他！

周荣亮压着心中的狂喜，听着对方的倾诉："去年因故意妨碍公务在苏州被拘役 7 个月，前几天刚释放。前年因吸毒被处理过，和家里人也断绝了关系，所以在上海站流浪。"旁边的战友在网上清查，信息输入网络后，陈某某的违法犯罪记录立即显示了出来。令他痛心的是，该男子才被释放两天，就开了这个低级玩笑。"没事没钱又无聊，就想扬言爆炸，和警察玩玩儿，当个导演制造混乱，很热闹很刺激。哪有什么炸弹？一场好戏，还没有看完就收场了！你们动作太快，要慢点儿我还准备打 119 火警，玩得更大点儿。"动机及动因也清楚了：之所以扬言爆炸，就是报复警察找个刺激；之所以选择"爆炸"而不是其他方式，是因为前几年在矿上干过，接触过黑火药，掌握制作炸药的技术，家里还藏有前几年私自拿回家的半袋黑火药，用霰弹枪打过鸟……12 小时内，他认定了真凶，给了领导和群众一个靠谱的交代。

周荣亮立即赶到陈某某江苏的家中，正如其所言，从他家的厕所里找出半袋已失效的黑火药。他家人已跟他断绝了关系。案子圆满地破了，但如释重负的感觉没有持续多长时间。一个家没有爱和关注，毁了一个人；一个人心里充满恨和报复，开个玩笑等待的是判刑。

他听着所长传达着公安局的表彰通报，心里想着：违法犯罪，一念之间，这样的"危险人、危险物、危险事"，管不住就没有太平的治安。周荣亮的幸福感实际来源于他的忧患和危机意识！

铁腕队长的平安事业

上海站日均发送、到达旅客约 13 万人次，最高峰时达到 28 万人次，与虹桥高铁等火车站、机场、水路、公路，共同构成上海市立体式的交通网络，每天的人流、物流、车流都呈饱和状态运行。处在上海这座开放包容的国际大都市，各色人群和价值观都能找到市场，各种诱惑和骚扰都考验着“帅哥周荣亮”。正是凭着阳光青春的凛然正气和直面困难的非凡勇气，周荣亮配合所领导扑下身子抓整治，硬起手腕抓管理，使上海站的治安面貌有了根本改观。3 年多来，他和同事们破获刑事案件 452 起，抓获犯罪嫌疑人 456 名，查获网上在逃人员 379 人，查处治安案件 962 起，处理各类违法人员 985 人，打击、处理、追逃数均名列全路大客站所前茅。

2012 年，周荣亮受命于危难之际，28 岁的他就任治安刑警大队大队长。当时全国都在开展火车站周边地区综合治理，破解火车站周边的治安管理的难题。治安的乱象不仅危害着群众和旅客的利益，扰乱着站区的治安秩序，更隐藏着不可预测的隐患和危险苗头，影响文明上海的形象。于是选中了周荣亮这个年轻能干、不怕吃苦、正气凛然、对上海站情况熟知、社会关系清爽的小伙子。

一开始，长期混迹于上海滩的“各路神仙”根本不把这个“毛头小伙”放在眼里，我行我素，肆意妄为。周荣亮没有像老上海那样“拜码头，求照应”，而是如武林大侠一样杀入了上海站江湖。一名绰号“老新疆”的霸头最为嚣张，他自恃是少数民族，长年在候车室强买强卖，抓到了最多是个拘留，公安机关拿他没有办法，气焰颇为嚣张，带动一批跟风者公然挑战治安底线。周荣亮决定“杀鸡儆猴”，拿下这个“刺儿头”，狠刹这股歪风，达到打击霸头、震慑一片的效果。

他带领整治组全体民警，连续几周加班加点，昼夜盯守，通过视频监控、调查访问等方式广泛搜集证据，打击现行、整理劣迹。只要“老新疆”违法，就坚决依法予以行政拘留。短短一个多月，“老新疆”先后被拘留了 6 次，一次次的较量，一次次的教育，让他认清形势，乖乖认输，回了老家。这令混迹于上海站周边的违法分子闻风丧胆、偃旗息鼓。“铁腕队长”的名声不胫而走。之后，他们在上海市媒体举办法制教育讲座，用现实案例教育群众遵纪守法。

上海站北广场，有一名绰号“大安徽”的倒票黄牛，经常开着电动车在票厅门口接客拉客、倒卖车票、滋扰治安。2015 年大阅兵和国庆安保期间，周荣亮带领整治组，利用“治安信息员”，对其违法行为进行全程录像，将其拘留两次。在法律利剑面前，“大安徽”终于低头认输，喃喃地说：“周队长太厉害了，看守所的日子不好过啊！”反复打压见成效，大义凛然始成功，周荣亮的心里越来越亮了。

上海火车站地处长三角中心城市，由于客流密集流动的特点，各种违法犯罪压下葫芦起了瓢，整治治安不可能一蹴而就，反复打、打反复、持续打、深入打才能见效，周荣亮的思路很清晰。作为治安的“清道夫”，每天都要面对无数的“刺儿头”和“无赖”，还要经常与患有各种疾病甚至传染病、无家可归者打交道，累在身心疲惫，烦在层出不穷，难在时间不够用，怕在报复。这样的活儿，谁都不愿意干，大多避而远之。可周荣亮始终认为，对这些治安顽症，必须坚持露头就打、露头就整，只有不停地打，反复地整，才能得到有效遏制。他们配备了电瓶巡逻车，车轮战一样地上阵，不断地清理，利用路地联防联控，不断与地方各部门联手，不厌其烦、不怕其难地与其周旋，一场又一场“游击战”和“歼灭战”下来，不法分子一次次的反扑被粉碎，聚集、蜷缩在站区的闲杂人员也纷纷挪窝，综合治理的效应凸显了出来。一些不法人员对周荣亮恨之入骨，威胁他：“你断我财路，我也要叫你不得好死！”面对恐吓和谩骂，周荣亮毫不畏惧，与狼共舞，顽强而坚韧地履行一名警察的职责。作为一队之长，他明白，只有带领全队民警迎难而上，才能有效破解难题，还站区一个治安晴空。

2016 年 2 月 1 日中午，春节期间想来火车站接拉客捞一票的违法人员李某某，在联合售票处窗口，搭识一名男性旅客，经过谈价，准备收取该旅客480元，带他去坐上海开往成都的大巴，刚走出票厅门口，就被在便衣巡查的周荣亮一把抓住。调查取证后，违法事实十分清楚，在审查的过程中，李某某不断撞头，装神弄鬼，大声号叫，并谎称家里老母亲在2016年1月29日过世了，来上海站就是为了筹钱回家，现在身无分文，叫嚣如果这次被拘留的话，就不想活了，出拘留所之日就是同归于尽之时，如果放他走，什么都好商量。他没有被其激烈言语恐吓吓住，严格按照执法办案的程序，收集了完备的证据链。最后李某某见恐吓不起作用，就声称自己有性病。周荣亮及时组织足够力量，亲自开车带他前往闸北中心医院检查，为防止其就医过程中耍什么花招，全程使用了执法记录仪。不惧阴霾写忠诚，体现着一个80后民警的赤胆忠心和品格。

打铁还须自身硬。从事治安管理工作，常年与“灰色人群”打交道，拉拢诱惑、恐吓威胁是家常便饭。当上大队长后，经常会有陌生人约请吃饭，有时候手机里还会莫名其妙充进话费，甚至还有票贩子趁他在巡逻时往他警车里扔名贵香烟，但他始终不为所动，及时将这些贿赂上交所里。他把烟酒都戒了，那些送水送饭的，看到他手里经常拿着水、高调将派出所好伙食展示的样子，拿他一点儿办法都没有。

周荣亮身高约一米八，浓眉大眼，身材健壮，体态适中，短发英姿，热情开朗，目光如炬，是个标准的帅哥。经常活动在上海站，以倒卖火车票、带客进站为生，号称“四大美女”的四名女“黄牛”，见周荣亮每天带着队员在站区开展打击整治，阻碍了她们做“生意”，就公开拉拢腐蚀周荣亮。她们抛媚眼、许重酬、频频暗示、色诱词惑：“我们每人每月给你5000元，今后你也不用太辛苦了，只要睁一眼闭一眼就行了。”周荣亮一听，怒火冲天，厉声呵斥道：“别痴心妄想了，只要我在一天，你们就休想干坑害旅客的事！”违法人员一看周荣亮不吃这一套，便悄悄地往他手机卡内打上几百元话费，他知道这来历不明的费用有文章，便向组织上如实汇报，按照程序如数退回。“面对诱惑不动心，赤胆忠心守沪城”，是上海铁路公安处政委对周荣亮的评价，党委一班人对这个小伙子那是赞赏有加。

他知道身在一线搏击，除了勇敢和坚强，还必须用定力抵制诱惑。2016 年春运期间，周荣亮在上海站南广场查处高价倒卖火车票案件，追赶倒卖火车票违法嫌疑人时，自己的手机从口袋内滑落遗失了。一名违法人员十分“有心”，第二天便买了一部价值 5000 多元的“土豪金”苹果手机，硬要送给他，周荣亮当场严词拒绝。

其实，来自崇明农村的周荣亮，在市区租房居住，孩子幼小，妻子收入也不高，家里负担很重。居住上海很需要钱，买个房子压死人，他们至今还住着市里的公租房。面对不法人员的百般殷勤和贿赂施好，他不为所动，铮铮铁骨、浩然正气，树立了铁路民警的良好形象，在青年民警中树起了一座丰碑。“无私者无畏，无畏者治世”，这是上海铁路公安处处长的感叹。而平息骚扰后坚守的幸福，是周荣亮最好的感觉。

火车站不仅是治安防控重区，也是查堵破案工作的前沿阵地，更是铁路公安机关打击和预防犯罪的最佳结合点。因此，在上海站出入口处经常出现周荣亮的身影，凭着一双锐利的眼睛，在蛛丝马迹中发现嫌疑人的破绽，使一个个狡猾的犯罪分子在他面前原形毕露。周荣亮在值勤大队当民警时，就曾因查获麻醉品和毒品案犯而被传为佳话。2012 年 6 月 17 日 9 点多钟，从太原开往上海的 Z95 次列车进站了。周荣亮远远瞥见一名身着 T 恤、油光满面的中年男子向出站口踱来，可两人眼神相交时，对方却迅速甩头躲开。“这人一定有问题!”他一个箭步跨上去：“请出示车票和身份证。”依法搜查时，他在其提包内发现一条用餐巾纸包裹的女式金项链。“怎么回事?”还没有怎么较量，该男子像针扎了的气球，顿时瘪了。原来，此人上网聊天时冒充大学教授，结识了太原一女子，聚餐时把麻醉药放在饮料里，女子喝下后便昏昏欲睡，他乘机将其脖颈上一条价值 3 万多元的金项链摘下，并盗走一部苹果手机和 800 元现金逃到上海。自以为神不知鬼不觉的他，却被火眼金睛的周荣亮逮个正着。2012 年 7 月 20 日，骄阳似火，酷暑难耐，身着制服的周荣亮看到一名穿着时髦的女青年，拖着一个拉杆箱走出了车站，瞥见巡逻车从门前驶过时，露出一丝惶恐。周荣亮捕捉到这个眼神，当即判断：女青年肯定有问题！他随即上前，一个敬礼，她紧张得一愣，汗水就冲了妆容。他检查箱子，顺着箱边，摸到一包粉末，拿出来一亮，她顿时瘫软——毒品海洛因。周荣亮高超的查缉技能，赢来许多旅客赞许的目光。

不让违法者心存侥幸，抓住节点事半功倍，这是周荣亮整肃治安的体会之一。2016 年 1 月 8 日，针对站台区域拉小车、黑扛包人员喜欢早晨五六点来实施违法活动的特点，周荣亮摸黑起床，叫上新民警，5 点之前来到站台查看情况。违法人员宋某以为天还没亮，不会有人来管理，在站台上刚摆开场子，就被他们查获并给予治安处罚。站台区域活动的违法人员获悉后，春节前站区的违法隐患基本消除了。2016 年 2 月 2 日下午，经常窜到南北售票大厅叫喊长途汽车、非法接拉客、多次违法后逃脱民警抓捕的违法人员宋某某，又一次走进了上海站联合售票处里实施违法接拉客活动，他想不到已被周荣亮盯住了。在他谨慎地搭识旅客谈好价格、东张西望觉得没有人发现、喜滋滋地走出售票厅门口的时候，在门口等待多时的周荣亮冲了上去。极力挣脱的宋某某不停地威胁："你这个时候抓我进去，就是想让我在里面过春节咯，我不要进去，你放手，让我走。"但是周荣亮死死拽住他，手背被皮带划破也不松手，他严厉警告："如果再作抵抗，就是妨碍执行公务，你想判刑你就逃。"逃跑无望，只能束手就擒。"拼命三郎人怕人敬，血火较量成功刹风。"这是上海铁路公安处政治处主任对周荣亮的评价，这个 10 年前上海所的老所长对后继有人心生欣慰。

消除隐患送你安全

铁路的飞速发展带来了极大的方便快捷，但是新线不断开通、新车不断增加，警力却基本保持原状，科技手段助力工作，但代替不了人的作用。火车票实名制实行后，周荣亮和战友们追逃主要依托实名制购票信息与网上比对，他们虽然将平时的主要精力放在治安整治上，但是消除刑事犯罪隐患，给旅客群众一个安全的感觉，也是他们上心的工作。

2014 年 8 月，铁路公安局组织劳模在桂林疗养，周荣亮疗养不忘学技术，他主动向劳模先进交流学习，虚心地向全路追逃能手讨教，回来后活学活用。从此，周荣亮更忙了，每天早上提前来，与带班所领导交流工作情况后，就通过公安部信息库查询近期上网的在逃人员，然后通过在逃人员个人信息，在微信、QQ、飞信、人人网、赶集网、58 同城等聊天 APP、社交网站查询，了解在逃人员的人际关系、平时爱好、个人习惯等信息。之后以网友的身份与朋友们沟通，有条件劝其自首的，就主动亮明警察身份，要求其来上海站派出所投案自首，再重新做人做事。2015 年 7 月 10 日上午，一个微信名字叫孤单的小青年，确定他是因故意伤害被安徽庐江县公安局网上通缉的在逃人员李某，现在上海浦东一个电子厂上班，起因是因老家纠纷，用菜刀将同村的一个人砍成轻伤。他使用了哥哥的身份证，在上海找到了工作，也躲过了警方。但是每次工厂里有警车来，或者在街上看到警察，他都觉得是冲着自己来的，每次都会绕着走。他和家里人通话后了解到，自己被上网通缉了，家乡的警察也一直寻找自己，因此心理压力很大，工作时经常出错，睡觉时经常失眠，有时还会梦到警察来抓自己，他也想尽快把事情处理掉。周荣亮觉得时机已成熟，就劝说他不如投案自首。对方心里没底，迈不出这一步。周荣亮就直接向他讲明：“我就是警察，铁路民警，我可以帮助你。”建议他可以先在上海投案自首，然后联系他老家的警察带他回去处理事情。经过半天的考虑，李某向工厂请假后来投案自首了。押解回家前，周荣亮主动与办案方沟通从轻处罚，安徽警方答应依法办理。经亲戚朋友帮忙，筹钱赔给了对方，看到李某的诚意，作为同村的受害者，觉得当时李某也是一时冲动，而不是深仇大恨，就向派出所撤销了报案，案件最后圆满地解决了。后来李某再次来上海打工，还特意带了一些土特产到派出所向他表示感谢。李某说：“现在终于可以做回自己了，坐车也敢用自己的身份证了，准备打工赚点儿钱，过年回家相亲了。”精诚所至，金石为开，周荣亮的爱心追逃获得了法律的认可，给了轻微违法犯罪者一条生路。

2015 年 7 月 23 日，一名叫张某某的在逃人员，在杭州萧山区一品烧烤店上班，因为琐事将一名同事用刀砍伤，被萧山警方上网通缉。周荣亮查询发现他已经来了上海，于是通过微信加其为好友，联系后得知该人已在宝山区北上海商业街一家烤肉店找到了新的工作。聊天中得知：该人要在 7 月 26 日到上海虹桥火车站接人，他立即带领民警前往抓捕。等待多时，13 时 15 分左右，看到一名相貌特征相符的青年男子匆匆走向南七口，但是这男子的身材体格可不像是轻易就范的样子。该男子身高 1.9 米左右，膀大腰圆，如同专业武术运动员，硬来只怕不行，但是如果不实施抓捕，机会就转瞬即逝。两人一个包抄，向其出示人民警察证，要求其出示身份证。该男子以没有看到公开制服为由，拒绝出示身份证。他们要求其随同前往铁路虹桥站派出所，但是对方根本不配合。在抓捕中，张某某一边大叫抢劫，一边朝周荣亮嘴上就是一拳。周荣亮顿时眼冒金星，但仍死死拉住其腰带不放，并且不断警告他：张某某，你要我放你走是不可能的。该男子看到人多无法再挥拳打人，但还是在拼命挣脱。两分钟后，虹桥站派出所的民警赶到了现场，他们合力将该人带到了民警值班室，从该人身上查出两张身份证。一张叫王林，安徽人。一张叫张某某，山东人。经过核对，该人就是网上在逃人员张某某。后来了解到：张某某从小喜欢锻炼，系兼职健身教练。

2015 年 8 月 13 日中午，在家休息的周荣亮接到微信消息，有一名因组织传销的网上在逃人员付某，要去上海站接人，问他是否一起前往，他表示可以。他立马安排民警在上海站抓捕，等待了半天也没有动静，询问对方情况时，付某反复改变接站车次和时间，一会儿称其朋友改变了车次，一会又讲刚才手机坏了，在修理手机，一会儿又说没有打到出租车，坐公交车来的，还有几站就到了。眼看天都黑了，付某才在上海站出现，将其抓获后得知，在给他发微信前往上海站接人的时候，付某早已接完朋友回家了。付某没想到他们足足等了 6 个多小时没有走，直到晚上 7 时再来上海站接人时，他想前来看看被玩弄的到底是什么人，想不到刚来就被抓住了。

在 2015 年第三季度上海铁路公安处开展了“打整管保”专项行动中，周荣亮一人就查获网上逃犯 44 名，在该专项行动期间全处个人缉逃第一，上海所因此获得全处第一的好成绩。“紧追不放，消除隐患送你安全”，谁说不是民警献给群众的大爱？

铁警奉献的幸福人生

一个人对群众有没有感情，是否愿意为他人付出真情帮助，是否以助人为乐，反映出这个人最朴素的情感。周荣亮从警 11 年，做过多少好事他也记不清。他从来没有想到写他的事迹还要写做过的好人好事，他认为发自内心的良知是不需要专门褒奖的。他的战友们给我讲了周荣亮的爱民风范，无一不是真性情、高品格的体现。

2015年7月一天的上午9时许，周荣亮在大自助自动售票厅前巡视时，捡到一个手包，里面有2万多元现金、一些发票、字条等，没有证件，没有可以查到失主信息的物品。他通过视频回放，发现遗失手包的旅客在自动售票机上买过车票，确定了遗失的时间段后，他不怕麻烦，通过售票时间，查出该时段购票旅客信息后，通过公安网络查询到失主联系方式，最后找到了失主。失主是苏州大学的一名教授，国家重点项目实验室专家。联系到教授后，教授亲自来把遗失物品拿走了。当时他提出一个疑问："教授，你发现遗失后为什么不报警?"教授回答："我觉得应该是后面买票的其他旅客拿走了，觉得报警也没用，就没有指望能把2万块钱找回来。想不到被好心的民警捡到了，颇费周折地找到了我，真是出乎意料。很感谢!"

2015年11月25日12时许，两名妇女来到上铁所，寻找一位好心的民警。原来是10月8日8时45分，李某在地铁一号线下车后，一路狂奔至上海站第一自助售票厅内，急着赶乘当日9时的高铁去南京出差。当取好票后，头昏目眩，失去知觉，直挺挺地倒了下去。当恢复意识后，她发现自己被一位高个子的民警扶坐在椅子上。李某称，当时意识模糊，看人也看得不是很真切，而且坐在椅子上一直呕吐。而那位好心的警察大哥，给她端来热水，给她一块巧克力，还叫来保洁帮其清理呕吐物。他一直陪着她，直到她的家人接到电话赶来。李某回家觉得摔得不轻，又去医院CT检查，发现有重度脑震荡，当天就住进了医院。她想着出院后，一定要来上海火车站亲自感谢那天帮助她的警察大哥。今天还在家休养的她，在母亲的陪同下，来到了上海站铁路公安派出所。经确认，当天的热心民警正是上海所治安刑警大队大队长周荣亮，当时其正在车站自助售票厅内维持秩序。当周荣亮来到值班室时，李某一下子认出了他，说："他就是我的救命恩人。"李某及其母亲很激动，他反倒不好意思了，他笑着说："你当时不管遇上谁都会帮你的，遇上我是巧合。"李某在临走前，默默地记下周荣亮的名字、警号和手机号，并表示会永远记住他这位热心助人的民警，永远为好心人祈福。

2014 年 9 月的一天，有一名多次被打击处理的违法人员刘某某在南广场活动，周荣亮正欲上前驱赶，看到她手抖了一下，昏厥晕倒。他连忙上前查看，发现其口吐白沫、身体抽搐。他按住其"人中穴"，并用自己手机拨打了 120 急救，将其送到闸北中心医院抢救脱险。大概过了一个多月，该妇女带着她的家人，拿着锦旗来到上铁所表示感谢。她不断地说："我在上海站做违法的事，给你们带来了很多麻烦，多次受到教育处理，还屡教不改，我以为你肯定是恨死我了，我心脏病发作的时候，你肯定不会来救我。哪里知道，最后关头，平时一起做生意的朋友都不敢上来，只有你救了我。你也知道，如果我救不活，当时死了的话，我家里人肯定还会找你麻烦，想不到，你当时不顾一切地帮助我，并及时拨打了 120 救护车。医生说了，如果再晚 5 分钟到医院，我的命就没了。谢谢你救了我，你救其他旅客，我觉得正常，但是你还能救我这个屡教不改的违法人，我真没有想到。我以后再也不来你们上海站做违法的事了。"

三个故事很小，但这是一个具有平常心的民警对群众的大爱。11 年的铁警生涯，"铁腕队长"也有遗憾的地方。那就是在工作和家庭这个天平上，他总是把重心向前者倾斜。当上大队长的 5 年里，他从没休过一个完整的双休日，从没有按点下过班。每天只要队里还有抓获的嫌疑人没有被送进看守所，他都不会离开。有一次，他的儿子突发高烧不退，而他正在所里参加专项整治行动。身为父亲的他，只能强忍痛苦，说服妻子请假照顾儿子，自己则始终坚守岗位，连续工作长达一个多月。完成任务后，当他拖着疲惫的身躯回到家中时，看见熟睡中的儿子小脸瘦了一圈，这个被称为“铁腕队长”的七尺男儿一下子将儿子紧紧地搂在怀里，泪流满面。

今年春节，2月8日他破天荒地陪儿子玩了大半天，儿子开心地抓着雕塑叮当猫的鼻子、开了碰碰车、吃了冰糖葫芦，回来告诉妈妈：“只要和爸爸在一起，就叫过年！”孩子5岁了，他陪伴孩子的时间加起来不到一年。我在他的微信中清楚地看到，上次他陪孩子的时间是12月27日。我问他：“在上海生活，什么最苦？房子是不是最大的压力？”他用一首和旅客的对话诗《致战斗在春运一线的兄弟姐妹们》向我回答：别问我何时归家，我不知如何回答/你一票难求，我一天难休/你有个家，我也有家/你回家难，我家难回/你一路难熬，我过节难熬/你一年一次，我年年如此/你奔家而来，我离家而去/你离家越近，我离家越远/你携夫带儿，我离妻别子……

我听着看着，在上海生活，他的幸福感觉是从真情爱民中获得，从心里爱家获得，这种奉献让我看到这32岁的小伙子，有时候比我还老成，我在心里向他敬礼！

钢铁炼成的平安事业

周荣亮是在上海市崇明县农村长大的，从小不怕吃苦，现年32岁，我看了这位平凡的英雄的成长过程：2005年8月从铁道警察学院治安管理专业毕业，进入了上海铁路公安处工作。2006年先后参加了蓝盾打击倒票行动、上海所客运值勤、无锡所线路工作、乘警队值乘，2006年7月定岗上海站派出所工作至今。人生能有几次搏，千锤百炼始成钢，这话用在周荣亮身上极为贴切。

从入警的那天起，周荣亮就立志要当一名好警察，他把在警校所学的专业课程融入平时的工作实践，面对司空见惯、见怪不怪的站区治安顽症，周荣亮有太多的理性思考，他注重运用法律法规进行治理。直面站区的治安问题，周荣亮头脑比较清醒，认为必须下猛药治理，必须坚持露头就打，只有不停地打，反复地整，坚持不懈地打好持久战，突出的治安问题才能得到有效遏制。组织将重任交给他后，他明白只有自己带头俯下身子苦干，埋下头来拉车，带领全队民警迎难而上，才能有效破解难题，给旅客一个良好的治安环境。

上海站是世界大都市的窗口，也是中国形象的一个缩影。每天，南来北往的中外宾客在这里聚集，候车、乘车，熙熙攘攘、川流不息。每当遇上节假日，上海站更是客流如潮。治安刑警大队只有9名民警，要想在这样一个偌大的站区，把治安管理好，周荣亮深知困难重重，道路也很长。但他同时也深深懂得，自己肩上的担子有多重，责任有多大，使命就有多光荣。

上海铁路公安局政治部主任说："我们要给有作为的民警压担子，我们要给有潜力的典型创造条件。"可以说，他的成长、工作业绩、荣誉的获得，离不开上级组织和领导的关怀帮助。但是治安刑警大队是藏龙卧虎的地方，作为一名年轻人牵头，管理起来不免有所不顺，发挥工作经验丰富的老同志团结战斗的精神，不是一句话的事。工作伊始，他向大家承诺：每周星期五加班5个小时，和大家一起做好大客流的治安面维护工作，只要大家有没办完的案子，他就陪着大家，工作他先干，带头干，以干促管，以管促效，难事他先上，急事他先到，哪里需要他，他就出现在哪里。3个月的埋头苦干，干出了成效，干出了威望，干出了同志的情谊和敬佩。3年多过去了，他还按照当初对同志和组织承诺的在干。亚信峰会安保工作中他荣立了个人二等功，离不开战友们的支持和上级领导的关爱。公安处不管是哪个领导，只要来上海所检查工作，都要过问他的工作和生活情况。他将温暖揣在心里，劲头用在工作上，“还上海站一片安全有序的晴空”，不是容易实现的誓言。

在上铁所，大家都知道周荣亮是一个工作狂。多年来，周荣亮总是舍小家为大家，全身心扑在工作上。有的战友开玩笑说：“我见过扎实工作的，但是我没有见过这样拼命工作的，看看同龄人，你老很多，才30出头，看着像是40多岁的模样，白头发也熬出来，你这样到底是为了什么？管好家里老婆小孩，工作差不多就行了。你这样一干就是好几年，还是个小队长，你值得吗？”他回答说：“对比一下上海站治安的今昔，我们有多少努力，就有多少回报，几年持续的整治，领导和群众都赞扬上海站治安面是有史以来最好、最稳定的。但是我们不能松懈，只有持续和反复地整治，才能保卫胜利果实。至于说工作累不累，我是农村出来的，这点儿累算什么，也没有干农活累，只要心里想把工作做好，就会有使不完的劲儿。”有人说，这个时代不是一个发扬风格的时代。我要说，只有发扬了风格才有我们时代的平安进步。人格这样展现，中国梦就这样实现！

在工作中，周荣亮最爱说的一句话就是：旅客利益无小事。只要是旅客期待的，就是我们需要努力做到的。看似很平常的治安小问题，如果疏忽了，就有可能养痈为患，导致严重后果。因此，面对群众的诉求和期望，不论事情多小，他都认认真真、踏踏实实地当成大事来做。熬夜、加班，已成为他的一种工作常态。他不善言辞，只是埋头干活，实在太累时，就找个角落默默地喝上几口茶，算是对自己的奖励。他的这种一丝不苟的工作态度，为所里的青年民警树立了榜样。梅花香自苦寒来，周荣亮带领的治安刑警大队，也因此荣立了集体三等功，并有5人被上级嘉奖，2人被评为路局和上海市闸北区春运标兵。他本人也连续4年荣立个人三等功。2013年，他获得全路“我为改革作贡献百名标兵能手”荣誉称号。

他铁腕执法，心系群众，用自己的忠诚，护送万千旅客平安出行。为了让上海站这个窗口更明亮，周荣亮结合实际，从源头上来治理各类治安隐患。2014年5月14日上海公安机关和铁路公安机关联勤联动启动仪式上，他代表铁路民警庄严宣誓："我们保证以最饱满的精神投入亚信安保，最严密的措施保障安全，最紧密的团结协作共筑平安。"他首先在治安刑警大队推行"弹性勤务法"，将早晚和周末客流高峰时段列为重点时段，灵活布岗，重拳出击，有效掌握了上海站治安管理的主动权。他积极建立信息网络，先后在客运职工、保洁员和搬运人员中组建了十余名治安信息员，使他们成为铁路民警的"千里眼"和"顺风耳"，大大提升了治安管控的精准度。他开展视频巡逻及时打击不法人员，为了更好地摸清违法人员的活动规律和特点，他主动向视频监控员学技术，利用派出所视频监控系统调取违法人员活动情况，组织民警观摩分析站区违法人员的作案方式、手段、规律，研究打击整治措施，提高打击整治效能。

2014年昆明"3·1"暴恐案件发生后，周荣亮清醒地认识到上海站作为特大客站，必然处于反恐防暴的风口浪尖。他紧紧抓住联勤联动的有利契机，将反恐防范纳入治安刑警队的工作重点，坚持每晚12时，会同地方公安组织开展站区大清查，运用交叉打击、联合专项整治等多种方式，强化联勤协作，消除危害车站公共安全的苗头。3年来，先后和地方公安机关互通情报线索80多起，清查各类人员300多人次，牢牢守住了上海站的安全线。

大爱无痕，大音希声！他言语不多，却一直行动，用自己的勤奋敬业，为上海站打造了一片治安净土！他铁腕执法，却心系群众，用自己的忠诚履职，护送了千千万万旅客平安出行！他朴实无华，却屡建战功，用自己的过硬实绩，赢得了领导、同事和群众的尊重和好评！每一天，他的身影都在忙忙碌碌，没有停歇；每一时，他的脚步都在急急匆匆，铿锵有力；每一刻，他都像一只永远旋转着的陀螺，不停地旋转……

这，就是周荣亮，一个80后铁警的故事！一位敬业执着、果敢刚毅的基层派出所民警，正带领着年轻的团队，全力打造着上海火车站治安防控的铜墙铁壁。

神探严湘琳

[人物档案]

严湘琳，49岁，从警30年，2011年至今任上海铁路公安局杭州站派出所治安刑警大队民警，5年来，他带领战友破获了刑事案件142起，挽回旅客财产损失50余万元，为杭州站治安的有序可控立下了汗马功劳。他是本处的查缉、追踪、审讯专家，先后荣立个人三等功4次，多次被上海铁路公安局授予“反扒能手”和“侦查破案能手”的荣誉称号。

偶遇神探

初识神探严湘琳很有戏剧性。我在媒体中、战友推荐中了解他、认识他，但是我们没有见过面。我从武威到杭州来采风，转车换乘折腾了两天，休息了一晚上，次日早晨一个人到杭州站候车室，我来回走动，对这个车站充满了新鲜感。不只是它处在杭州，更重要的是人来人往秩序好，来得利索，走得清爽。

“我见青山多妩媚，料青山见我应如是；情与貌，略相似”，辛弃疾《贺新郎》的这句词太贴切了。但直觉告诉我，有一双眼睛盯着我，不知是敌是友，但我找不到他。一个不小心的碰撞，我们同时从不同角度抓住了对方，但是他抓住我的手很结实、很温暖，我抓住他的肩膀他滑溜地脱开了。职业的敏感提醒我，只有专家一样的民警才有这样的身手。

还没来得及质问，他就不好意思地解释说：“领导，来了也不招呼一声，地下有水，小心滑倒。”他犀利的目光很友善，一米七的个头很利索，匀称的身材很精干，偏黑的皮肤很阳刚。“你是？”“严湘琳！”“久仰！”旅客们莫名其妙地看着、听着我们的对话。我们亲热地拉着手，惺惺相惜。

我明白了许多人为何第一次见面就会互相欣赏。“我们好像在哪里见过面。”那似曾相识的感觉来源有三：第一是敬仰佩服，渴望见面，一睹风采。第二是初见就谈得来，志趣相投，观点共鸣，惺惺相惜。对于同性那是知音聚首，对于异性那是一见钟情。第三是面对的陌生人身上，充满着自己的、朋友的、战友的、亲人的影子。我对严湘琳，三者兼有。

如同电视剧的镜头，我的脑海里出现了一排字幕：严湘琳，49 岁，2011 年调入杭铁所，治安刑警大队民警，杭州铁路公安处第一反扒能手。业务精湛，破案神速，常年风吹日晒，皮肤偏黑，眼神如猫，人称“黑猫警长”。2011 年以来，他先后主办管内刑事案件 142 起，其中重特大案件 82 起，主侦破获刑事案件 125 起，其中重特大刑事案件 75

起，担纲主力20天破获诈骗麻醉抢劫专案1起。大案批捕率达100%，无一退侦案件。协破地方破获案件26起，为旅客挽回经济损失50余万元……

三大专家

严湘琳从警以来就奋战于反扒、破案一线，到杭铁所的5年是他如鱼得水、大显身手的5年。我问他原因，他和战友如数家珍地给我讲故事，我听出了大家的意思：领导赏识支持，战友配合协作，家里后顾之忧减轻，过去的积累展示在合适的舞台。

严湘琳说："是钱建革所长向处党委提了建议，不但解决了我生活的困难，让脑梗的父亲有了切近的应急关怀；而且他信任我，让我放开手去干。不好好干，我对不起大家。"朴实的话语道出了民警的真性情。

他有股刻苦的钻劲儿，练就了一双识别犯罪的火眼金睛，审查中有着克敌制胜的决心，追踪中他有勇有谋、有胆有识。他和战友们破获了大量案件，是杭铁处当之无愧的"查缉、审查、追踪专家"。

查缉二次作案扒手。2016年1月23日，正是春运首日，他带领战友24小时内快速破获春运第一重大旅财被盗案件，及时刹住了春运惯性治安问题爆发的"下山车"，开创了一个安全太平的春运。1月23日晚，杭铁所接到旅客刘登红报警：当天21时30分左右，在杭州站进站口被盗一部价值5500元的苹果手机。杭铁所第一时间组织治安刑警大队民警分析研判，调取视频监控、查询轨迹，迅速锁定了嫌疑人林某，并发现林某去年在杭州市西湖区作案并被判刑拘8个月，3个月前刚刚刑满释放。严湘琳通过案情研判，判断林某会利用春运期间杭州站客流较密集、旅客行李较多等情况再次作案。他带领战友们在杭州站各主要部位便衣巡守。24日20时左右，嫌疑人林某果然再次出现在进站口作案，被守候民警一举抓获。

我看着听着都觉得神了，赞许道："湘琳，你真是个查缉专家!"他的脸又红成酱紫色，摆着手还有点儿结巴地说："过奖，我只不过了解一点儿惯偷的习惯，对症下药而已。"

千山万水追捕他。2014年7月23日，杭州站附近小旅馆内发生一起麻醉抢劫案。受害者是一对外地来杭州的父子，两人常年在外打工，最近有人给儿子提亲，要送彩礼3万。哪知，相亲时喝下一杯咖啡后，父子俩便不省人事，3万多元血汗钱鸡飞蛋打。麻醉抢劫和诈骗，案情重大，公安处立即成立专案组，严湘琳作为破案专家，受命于紧急。

盛夏的杭城，骄阳似火，热浪滚滚，室外温度40多摄氏度，地面50多摄氏度。高温潮闷中，他从早到晚实地察看了杭州站周边一公里内所有的可逃路线，调阅大量视频监控资料。晚上他近10个小时盯着屏幕，分析嫌疑人的去向。经过细致甄别，最终确定了嫌疑人的身份和特征、出没地区。

随后，他带领专案民警顺线追踪，行程2000余公里，奋战了10个昼夜，从杭州追到湖州、扬州、郑州、林州，终于2014年8月3日，在河南省林州市将犯罪嫌疑人抓获，带着一身征尘回到杭州，硬是在20天破获了这起影响恶劣的大案。

想想也是：稍有犹豫或为难都会退缩，但他硬是凭着对人民的爱和罪犯的恨，才从大海里面捞出这根针，还协助地方公安机关破获多起疑难的隐案、积案。连犯罪嫌疑人也纳闷："我干了多年，无一次失手，要诀就是跑得快，没想到栽到杭州铁警手里。我跑了那么多地方，你们怎么找到我的?"这叫"不是不报，时候未到，时候一到，全部报销"，这叫“再狡猾的狐狸也逃不过猎枪”。

顺藤摸瓜上网捕。2014年2月12日清早，云南旅客陈某报警：昨晚他在杭州站第6候车室内打盹时，装在裤子口袋内的1.2万元被偷了。严湘琳调看车站内外监控视频依稀发现，3时45分，有个秃头男子在陈某身边蹲下来动了手脚，一分钟不到就离开了候车室，乘电梯下行后打车走了。他一路找去，出租车司机言之凿凿、3处监控视频证据确确，秃子就是窃贼没错，但是身份没法确定。一直摸到护城河桥底下，他找到了秃子的容身地，许多无业人员聚居于此，反映说秃子留下的黑色破箱子没拿走。他从里面发现了一张刑满释放证明：吴某，贵州人，因在河南扒窃2万元，被判刑3年，刚释放不久。一核实，统一认定了，赶到其贵州老家，村干部一看视频截图，也确认了。但吴某家人反映其从没回过家。他将情况报告领导后，把吴某列为上网追逃对象。2015年1月初，云南昆明警方在处理一起打架纠纷时，发现当事人吴某正是杭州铁路警方的追逃对象。严湘琳审讯时，吴某承认：2014年2月12日凌晨在杭州站第6候车室偷了一名旅客1.2万元，钱不到一个星期就花光了。那天夜里天气很冷，桥底下吃不消，就跑到了附近的火车站，溜进候车室取暖，看到一旅客在打盹，就过去摸他裤子口袋，没想到有很多钱。得手后，他赶紧溜出火车站，但忘了回桥底下取箱子。他打车去找老乡，跑了两处都没找到，只好坐长途汽车到了贵阳再转昆明，打了一年小工风平浪静的，以为警察根本没有查出是他偷的，谁知还是没有跑出法网。这叫“法网恢恢，疏而不漏”。

审来查去逃不远。严湘琳性格随和，平时总是笑眯眯的，说话甚至轻声细语，与他对话，他的眼神柔和。但到了岗位上，他的目光就和别人不同了，犀利而敏锐。战友们都说他有猫一样锐利的眼神，又因屡破大案、皮肤黝黑，大家亲切地称他为“黑猫警长”。

2015年5月23日，严湘琳化装成普通旅客在进站大厅防范。中午时分，他发现一名男子不时盯着执勤民警，一副犹豫不前的样子。他进站验票故意选择离民警远的检票口。

“这个人有问题!”他上前表明身份，当场对该男子盘查，要求其出示身份证。男子先拿出一张与自己相貌相似，名叫“陈刚”的身份证，他立即发现证件照上的发际线和眼前的人不同。他让男子背出自己的身份证号码，男子流利地背出了。严湘琳问他：“照片上右脸有一颗痣，你怎么没有?”男子笑嘻嘻地说：“我点掉了。”“照片的额头没痣，你怎么有痣？难道是种上的?”男子立刻没了声音。

被识破后，该男子又改口称这张身份证是自己捡来的，并随之拿出另一张身份证。他一看，证件上的照片正是该男子，但该证件印制模糊，是张假证。他判断这人肯定有案底，于是将其带到值勤室检查，在其行李中发现一张工作证，上面的照片是该男子，名字叫李明，但他拒不交代有什么犯罪前科。通过工作证上的信息，严湘琳与其打工的鞋厂取得了联系，得知李明是安徽某地人，原名叫胡强。

他立即上网查询，锁定胡强是2007年涉嫌盗窃工厂财物、被安徽警方通缉的在逃人员，对比后还原了其“真面目”。严湘琳对着该男子突然喊了一声：“胡强!”该男下意识地应声，登时现出了原形，乖乖地交代盗窃在逃多年、改名换姓的情况。

当战友问起他为什么看人那么准，严湘琳笑着说：“直觉和细节。”当然，这种神奇的直觉可不是天生就有的，靠的是辛勤付出、刻苦钻研、长年磨砺、锲而不舍。审查专家不是虚的！他主审的案件，犯罪嫌疑人口供的突破率达90%以上，他主侦的重大案件批捕率达100%，无一退侦案件。

矢志不渝

越是挚爱的事业，越能给人带来创新的动力。严湘琳是把抓贼当事业的人，工作中的花样很多，他把串并侦查、视频侦控、刑事技术、证据链条、基础资料、实名研判和网上作战等技战法，探索并熟练运用到侦查破案工作中，达到了现代神探的水平。

2015 年 5 月至 9 月，杭铁所相继接到 4 名旅客的报案。他们先后在杭州站候车室被盗手机 1 部，涉案价值 1.3 万余元。根据报警情况分析，被盗者都是大学生，缺乏防范意识，作案人可能是同一人，专门盯着防范意识差的人群。

他调取案发时间段现场周边监控，发现嫌疑人最后一次作案时在现场留下的一只背包。通过技术鉴定，提取了嫌疑人的指纹，在海量的情报资料库中寻找嫌疑人。经几天几夜的筛选比对和同一认定，确定陈某某有重大作案嫌疑。陈某某长期活动于杭州站周边扒窃，曾多次被行政处罚。之后访问失主及其他旅客，调取了现场监控比对后，确定陈某某就是本系列盗窃案的作案人。

立即专门布控，等待狐狸出洞。2015 年 9 月 23 日，他发现其购买当日从杭州—诸暨的 K8555 次列车车票，判断要来作案。就在站内专门巡控，最终在通道厕所内抓获正欲作案的嫌疑人陈某某。经过反复审讯，陈某某在铁的证据面前，如实交代其盗窃犯罪事实。陈某某就不信，自己老到谨慎，技术精湛，宁可不偷，盗不失手。“难道包黑子包拯从宋朝的开封穿越了，又到人间收拾我来了?”哈哈，战友们笑得上气不接下气——“黑猫警长”又变身“包黑子”了!

日常工作中，他和战友们坚持防范为先，紧盯重点时段、重点部位，经常在后半夜、大清早就开展防范，有效遏制了旅财案件高发势头，杭州站旅财案件的发案逐年明显下降。他很注重基础工作，善于积累日常情报资料，建立完善了一整套杭州站扒窃嫌疑人的基础台账和基础力量，做到了杭州站活动的嫌疑人只要出现，他从监控中看到身形、动作，就能叫出这个人的名字。他将基础资料与视频影像有机结合，为侦查破案提供了有力的支撑。

2012 年 8 月 3 日凌晨，杭州站 4 号候车室发生一起特大拎包盗窃案件，失主王某被窃人民币 5.86 万元和中信、康佳手机 2 部。严湘琳会同专案组成员，充分依托站区和站外旅馆、超市、自行车租赁点、大厦及地方派出所路面等视频监控资源，循线追踪，圈踪扩展，快速摸清了嫌疑人进出站路线和落脚范围。守株待兔，于当天 19 时 50 分在望安旅馆大厅内抓获了犯罪嫌疑人李某某，仅用 14 小时破了大案。2012 年 10 月底，杭州站南票厅相继发生拎包和扒窃案件各 1 起，承担破案工作的严湘琳根据案发情形和模糊影像等，很快就判明两起案件系同一嫌疑人所为，并分析该人定会再次作案，便按作案特点及体貌特征查控，最终于 30 日下午将嫌疑人阿力木抓获。经审查攻坚，阿力木还交代了于 10 月中旬在车站平台上盗窃旅客白色三星 9300 型手机 1 部的犯罪事实。

在他们的努力下，杭铁所重特大旅财案件发案率逐年下降，破案率逐年上升，一个崭新的杭州，平安的杭州站，一个有梦圆梦的西湖，真是人间天堂。每年的暑运，青年学子大批回乡，“小候鸟”欢欣鼓舞地传送着杭州铁警的温馨关爱。严湘琳和战友们开通绿色通道，投身于服务“小候鸟”的工作中，每天的客运高峰时段，各重要岗位，到处都有护送和宣传“小候鸟”的民警，家长们接送一次，再也不专门接送了，由衷赞赏：“杭州站，让家长放心!”

神探练成

每一个成功的人背后，有许多人的支持，但是也有自己艰辛的努力，严湘琳也是这样。

1986年，年轻的严湘琳怀着满腔报国梦投身军营，他刻苦训练，练就了坚毅果敢的性格和刚正不阿的品质。1990年，退伍后一心想着打击犯罪、保家卫国的他，果断放弃家人安排的工作，选择条件艰苦的铁路公安队伍。从警后，他被分配到杭铁公安处乘警支队防范破案小组，成为一名反扒民警。

20世纪90年代的火车车次少，车上拥挤，治安较乱，群众防范意识差，列车成为扒窃分子经常光顾的地方。作为反扒民警，列车就是严湘琳的主战场。一上车，他就换上便装，伪装成旅客挤进车厢，在人群里静静地观察，困了就蹲在角落眯一会儿，到了饭点就端着盒饭边走边吃。一趟车下来，要挤过十几节车厢，看过几千名旅客。慢慢地发现了门道："扒窃分子表面看去和普通旅客并无区别，但细心观察，你就会发现他们爱挤车门，一般行李很少，手时常放在下面别人看不到的地方……"

临近春节，民工们带着积攒了一年的血汗钱乘车回家，此时也正是扒窃分子最活跃的时期。为了把旅客平安送回家，为了提高反扒技能，他们连续几个月蹲守在列车车厢，一丝不苟地观察过往旅客的言行举止，不放过任何蛛丝马迹。他时常与人交谈，尽力熟悉各地方言。他一有时间便跟着有经验的老民警问东问西，研究嫌疑人的身份特点。一个不经意的眼神、一件不起眼的行李、一句随口说出的话，在别人看来无关紧要的细节，都成了他的研究对象。功夫不负有心人，严湘琳慢慢掌握了扒手的活动规律，并逐步总结摸索出自己特有的反扒工作方法。他说：“现场反扒，机会稍纵即逝，必须防得稳、盯得紧、抓得准，这是关键！”

十年磨一剑，剑出荡平川。2000 年 1 月 27 日深夜，严湘琳乔装成旅客登上杭州开往贵阳的 K415 次列车。当他来到 4 号车厢时，发现一名男青年在车厢里挤来挤去，像是在找座位，可是一个细节引起了他的警觉，该男子不时用眼角余光瞥其他旅客的包。“这人肯定是个老手，得盯紧他。”严湘琳假装打水，紧紧盯着男子的一举一动。果然，20 分钟后，男青年左右张望，见无人注意、旅客不备，将其背包内的钱包掏了出来。他一个箭步冲上前去，人赃并获。男青年见势不妙，在到餐车审查的路上，他掏出一叠百元大钞塞入严湘琳上衣口袋：“大哥，放小弟一马，今天带的钱不多，以后再多孝敬您！”严湘琳不为所动，凛然一笑：“你找错人了，我是警察。”该人乖乖就范。他性格淳朴，却一次次变换身份，与小偷周旋在车站、列车；他待人和蔼，却一次次火眼金睛识破伪装，让嫌疑人原形毕露；他其貌不扬，却一次次辗转千里，斗智斗勇，将疑犯抓捕归案。他就是扒窃分子的克星，铁警队伍中的神探严湘琳。

2014 年 8 月 13 日，正值“青奥会”安保最紧张的时刻，杭州站候车室内连续发生两起扒窃案件，民警们更是忙得喘不过气来。“反扒专家”严湘琳深感责任重大，他想：大胆的窃贼一再作案，光靠防是不行的，百密总有一疏，只有抓捕归案才能消除这个心腹之患。他将两案有关的监控录像都调出来，逐帧分析，理出重点嫌疑，通宵达旦地排摸和走访，终于锁定窃贼为惯偷王某，他记住其体貌特征、作案手法、逃窜方向。第二天，王某到车站转了一圈，发现警察后没敢轻举妄动，就回到杭州莱蒙假日大酒店。他刚进 8601 号房间，就被严湘琳他们里外合围堵了个准，昨天的赃物还在房间里，严湘琳厉声说道：“还不老实交代，我们是老熟人了。”

案件告破后，民警整理案件的视频资料，他们看了半天都没有发现王某的踪迹，严湘琳过来一一指点：“你看这不就是他吗？这，这，这，几个就是一个证据链条。”画面中，嫌疑人或大或小，作案的那几张只露出了半个身子和动作，但是衣着、手法完全相同。民警按他说的，将视频按时间顺序剪辑后，放出的图像就是一个扒手的行窃轨迹，他们顿时佩服得五体投地。他耐心地讲：“这种制作虽提供了证据，但这是一种直观感受，带有侦查员的个人意志，原始的资料必须与之相印证，构成证据链条，否则就达不到证据过硬的目标。”战友们这才明白，他办理的案件无一退侦，靠的就是扎实的证据。

赤心护民

在铁警的岗位上，体现全心全意为人民服务宗旨的，不仅仅是多做好人好事，更主要的是打击犯罪、服务人民。杭州站日常客流 7 万，高峰客流 10 多万人，24 小时川流不息。人群拥挤的地方相对缺氧，人山人海中许多人顾此失彼、丢三落四是常态，不由自主放松警惕的时候，就是扒窃人员伺机作案的时候。夏天后半夜扒窃案件高发，窃贼易钻瞌睡的空子。民警再怎么公开巡逻，也不可能面面俱到。

每到客流高峰期，严湘琳每夜都与反扒队员守候，策应公开巡防的民警，有时快天亮时抓获扒窃者后要做材料，一个上午就过去了，连正常休息的时间都没有，但他从无怨言。有时要连续几晚在夜间温度不到 5 摄氏度的平台广场便衣巡查，困了就用冷水洗把脸提提神，凛冽的潮风吹得双眼红肿，但他从未放弃。2013 年 7 月 24 日，杭州市气象局发布了高温红色预警，他中午 11 点半就准时到杭州站防扒重点部位搞防范，3 个小时巡守下来，汗水早已经湿透了衣服。同事们劝他，大热天的，在办公室坐坐，免得中暑晒伤，没有你杭州站照样运转。可他总是说："为了旅客能少点儿损失，我个人流点儿汗，吃点儿苦算什么？我本来就长得黑，不怕再晒黑。"

生活在世上，谁家没有本难念的经，神探也没有活在真空中。严湘琳的父亲因脑梗长年卧病在床，好不容易能动了，生活还是不能自理。他是父母唯一的儿子，守护尽孝得靠他。为了能兼顾家里，2011 年他申请调到杭铁所。但他除了联系医院和专家外，康复治疗的重任大多数由年近七旬的母亲和妻子承担，他就是家里的"应急队员"。

杭州作为"人间天堂"大都市，各种任务一项接着一项，每项任务他都没有落下，还动不动千里奔波破案攻坚。他心里想："我们努力保证了杭州站的平安，小家就有安宁的日子。"人间大爱莫不产生于此。看似简单的心思，背后却蕴藏着舍小家、为大家的高尚情怀。长年的外出办案、长期的加班加点，当他面对父母、妻儿时，只有深深的愧疚和无奈。但是，正因为是警察，面对工作家庭两难抉择时，他总是毫不犹豫地选择了前者。

虽然从车上转移到了车下，但严湘琳并没有放弃他的反扒事业，反而因为车站治安复杂，有了广阔的空间施展他的才华。杭州站的所有区位，成了他赤心为民的主战场。2016 年 2 月 14 日 19 时许，杭铁所接旅客朱晓梅报警：其于当日 18 时许进入杭州火车站南售票厅购票，出来时发现上衣左侧口袋内的金色苹果 5S 手机被盗。他调取了视频监控，之后跟踪排查，很快确定了作案人是 62 岁的杨某，并搞清了他的落脚点。2 月 21 日 23 时 50 分，严湘琳会同战友将嫌疑人堵在屋内，搜查还查获 3 克冰毒和注射器 10 支。"瘾君子暂时不会危害旅客了。"他和战友们松了口气，要不是及时打掉，他会不断地作案，后果会越来越严重。

2014年1月21日，失主徐某急匆匆地找到民警严湘琳、陈庆华、喻焜：说自己的包在过安检的时候丢了，包里有现金、银行卡、苹果手机等要紧东西。他们立刻调取了当时的监控，跟到列车上，找到了拿包的旅客刘某。刘某正在向朋友炫耀，自己发了笔意外之财，他显摆地高举手机："老天送的，最新款的苹果手机啊！"旅客们羡慕着，看到警察找了上来，就等着看热闹。刘某觉得自己很没面子，他高叫着："这个世界，谁捡了就是谁的。谁来也没用，我又不是偷来的，我怕啥！"他不愿意把装进了蛇皮袋中的包还给失主。直到严湘琳严肃地讲明法律对"不当得利"的规定后，对方才不甘心地物归原主。他做的好事多，但在做好事中，不但有情，也在普法。

2015年11月，浙江省公安厅将遴选出的优秀基层公安所队，放在互联网平台"民生66"上展示形象，投票测评民心，杭州所得票名列前三，严湘琳功不可没。

这就是严湘琳，一个有胆有识、智勇双全的反扒能手！一个激情无限、战功显赫的"黑猫警长"！一个恪尽职守、敬业爱岗的铁道卫士！

高铁之巅的忠诚守望

兰新高铁一路向东，穿过新疆万里草原、戈壁，在甘肃走廊中飞驰。穿越星罗棋布的绿洲，飞翔在旷广的原野上。没有参照物，感觉不到快速。站在这条大河之外，你会感动于这支掠地飞翔的白箭，这是万里荒原上最具活力的风景。

风景线外，还有风景——高铁的卫士，武威铁警。他们与高铁同呼吸共安全，从最早一趟高铁开来，到最晚一趟高铁开出，他们以人的脚步与高铁相伴，起早贪黑，两头不见太阳，但时时听到平安飞翔的凯歌。当祁连山最后一抹彩霞给门源草原盖上金装后，铁警梁俊生带着辅警回到了驻地——民乐铁路派出所浩门警务区。

奔向高铁之巅　我站在祁连山峰俯瞰安全的花朵

这是建在兰新高铁线上最高点的警务区——海拔4000多米，他站在祁连山腰俯瞰大地，守望兰新高铁。这是一个老民警的忠诚奉献——46岁主动请缨守关，胜过所有的昂扬誓言。我不解地问："老梁，你这是何必？"他爽朗地笑："有啥，当兵出身，有阵地总得有人守！"

梁俊生是民乐所年龄最长的民警，当兵复员后成为一名铁路公安民警，在兰州铁路公安局武威处山丹、张掖所干了多年。2014年9月，从超前介入、施工督导、联调联试一路走过来的民警们，有了自己战斗的家园——新成立了9个高铁公安派出所，民乐所也应运而生。一年前介入时，老梁就向组织提出建设高铁的愿望，组织上考虑到他年龄较大没有同意。一年中他在兰新线张掖所的岗位上扎实工作，时刻等待组织的召唤。一年后的那天，兰新高铁需要大量的警力，武威铁路公安处举全处之力，保障新生的高铁安全起航、平安畅通，老梁的时机来了，组织批准了他保护高铁的请求。

与他同所的民警大多报名去了离家近、条件好的张掖西、临泽南高铁所，而他自己主动提出到这个第一次通了铁路就进入高铁时代的民乐县。那年我走过民乐时还开玩笑："梁哥你准备在民乐再安一个家？""有这个打算，以民乐所为家！"前半句一听大家就笑，后半句缓慢而坚决地跟上来后气氛顿时凝重了。我握着他的手说："多保重！"

谁知道刚过了半年，当祁连山最美的夏天到来时，我去民乐所，忙乎完后与他闲谈。他的话令我大吃一惊："马哥，我到浩门警务区了。"我以质疑的目光和神情与他对望，他补充说："没有人强迫，我觉得只有我合适，那地方需要我，我自己要求去的。”

我心想这家伙傻了，傻得还不一般。我见过自己不断降低标准委曲求全的——那种别人看来很低的愿望，对提出的人而言是最适合的。没见过老梁条件这么好，反而一退再退而求其次的。在大家眼里，老梁虽然话不多，但绝对是一个让人肃然起敬的人，没有人会强迫他。我觉得自己应该和他共处一段，因为我心里有个疑问：是什么在召唤他呢？

我犯了一个习惯从功利角度考虑问题、猜度别人的常识性错误。相处的日子里，我发现老梁比我更有诗意，只不过我比他多喝了两口墨水，能写出来叫出来。从门源到浩门的祁连山大草原，我们基本顺着兰新高铁的路径行走。这里有大梁、祁连山、小平羌、大平羌、金腰岭、双墩、元山隧道群，其中祁连山隧道两头分别连接青海、甘肃两省。走到没有路的地方我们翻山越岭或者绕道，对我来说是旅游一般，而对他来说，是日复一日的坚守和工作，有责任的心态和感受自然与游客不一样。

我一路走欣赏风光，也不时想着老梁的变化。这里有闻名中外的山丹军马场，是古代良马山丹马原产地，汉长城从历史穿过；这里有北丝绸之路中段再下青海上内蒙古的扁都口，隋炀帝在焉支山大会西域诸国；这里有汉将军卫青、霍去病挥师的金戈铁马，左宗棠统御西北的千里杨柳；这里是甘肃中部最美的塞上江南金张掖米粮川，传颂红军的祁连山回声……

但是老梁却一路走一路讲，如数家珍地讲着这片草场归哪管、是谁承包、家里几口人、都在干什么、载畜量是多少、实际有多少牛羊马群……仿佛他就是这片草原之王！我问他为什么知道得这么全乎。他笑着说感谢处党委想得周全，要不是“就地招辅警”的顶层设计，这活真不好干。这让我想起一次和处长的闲谈，他似乎突发奇想地说：“要使牧民骑马巡线，村民骑个自行车就瞭望高铁，那安全的一半就掌控在我们手中了。”当时我觉得好主意不一定能实现，谁知道在民乐所却搞成了。

走路走得累了，我们坐在山坡上，看着连绵的高山草原无尽地伸向远方，雪山在夏日的天光下带来清凉，漫山遍野无名野花向坡地下延展，而另一面山坡却只草无花。老梁说：“看，大自然中，哪怕是一朵花草，也崇尚阳光，喜欢这洁净自由的空气。我大事干不了，但是这看山尽责、守护高铁、联民共保，交老百姓朋友，保高铁安全，还是能做好的！”

我咀嚼着其中的味道。远处那一望无际的黄色油菜花令我心旷神怡。我震撼于两种风景：自然和老梁，我沉醉于两种境界：花香与老梁。心神不通的地方通畅了，说不出的舒畅。这小小的油菜花太平常不过，但是把它的种子撒遍适合的地方，成就的风景也让人叹为观止，“把小事做好真是大胸怀”。

似乎有歌声：我站在黄河之畔，波涛汹涌向我呼唤，祖先的热血像江河万古奔流……我站在祁连之巅，千里草原向我呼唤，高铁的穿越像雄鹰掠地飞翔……

我和着这声音，放飞心灵，放开脚步小跑着下了山坡。骑马奔跑的牧民很潇洒，到离我们不远处，我看到他穿着辅警的服装，一个转弯的勒缰，那匹看着像汗血宝马的枣红马一声长嘶，分明看到白色鞍毡上清晰的浅红……

夏日之行的美丽，我觉得老梁是个崇尚大自然的诗人。这么美丽的地方，要我待着我也求之不得！可真那么好吗？北方山中风景秀丽的地方美丽且短暂。在这个祁连高山草原上，除了游走的牧民和季节性的游客、几个铁路职工和巡防队员，大多时候人迹罕至。在每年都有地震活动、每冬都有大雪封山、每夏都有滂沱大雨、出门工作基本靠脚的地方坚守，这需要多高胆识、多大忍耐啊！

但这个先后参加过援藏、援京、援穗、援蓉、援疆等重大安保任务的老同志、老党员，却坚决地站出来，坚守在高山之巅、高铁之边。这时候，我的语言变成了雕塑，我无法比拟。

坚守高度四千米　我度风雨雪震护卫平安

祁连山的古意是天山、雪山、白山。要在空中俯视，祁连山是无数条山脉相连的山系，山连山、岭连岭、森林连森林、草原连草原。古诗形容：进得万山圈子里，一山放过一山拦。我老家永昌民谣形象：道道连的是祁连山，过了一山又一山。在海拔4000多米的高原上，一次性建成了世界最高、里程最长的高速铁路，开山筑路很难，守成也不易，坚守在海拔4300米更不易。

他了解这里：交通闭塞，仅一条乡村公路，雨雪天气汽车就不能进出；信息不灵，没有互联网络，手机信号时有时无；远离城镇，开车一个多小时才能买到生活用品；生活用水，全靠外援，大雪封山时只能化雪为水；最要命的是缺氧，初来乍到水土不服，饭后腹胀如鼓，大脑反应迟钝，腿脚不听使唤，“可望而不可即”“心有余而力不足”的感受强烈。山里的天气说变就变，有时一天之中就能经历春夏秋冬四季……

我问他怎么才能适应这样的生活，他很随便地说：“人，只有享不了的福，没有受不了的苦。但什么是苦，不就是生活不便、日子单调吗？用自己的心劲儿充实了工作、充实了日子，工作和日子就不再单调了。再说，大家都习惯了城市的生活，乡下的日子不就是这样么？怎么不反过来想想，什么环境、什么活法都是有利有弊的。”这是大智慧。

祁连山夏天的骤雨说来就来。早晨看着天朗气清、阳光明媚好天气，不一定下午什么时候暴风骤雨如鞭子抽着高山草原，一会儿工夫山沟里就有了洪水，那几百米宽的大坂河道里就汪洋滚滚。雨来了山里躲都没处躲，但是老梁被浩门的雨“招待”了一次就学乖了，不再完全依赖天气预报。

他向老牧民请教看云观物识天气的方法，最管用的就是“天上钩钩云，地下乱沌沌”“燕子低飞蛇鼠窜，不久大雨就要来”“日晕有风，月晕有雨”等。他也掌握了牧民避雨避雪的方法，不再被雨所困。

他通过牧民辅警的口口宣传，他专门守望，向牧主讲解，联系加装加高护网，控制了容易发生牛羊滑落护网的地段。

高铁视频监控开通后，他将容易出现状况的线路区段作为风险管控的重点，在特殊天气、牧群转场、节假日旅游旺季、线路维修等时期，带领辅警采取骑摩托车巡、骑马巡、添乘机车巡、发动牧民巡防等多种方法，形成了“人机巡防结合、接报视频确认、立即现场排除、监督整改”的良性运行机制。

老梁工作有多用心？辖区有多少重点地段、重点部位、重点人员，他都了如指掌。他不会绘图，就手机拍照后画个草图，与辅警兄弟对着电脑琢磨，来人检查、回所到家都请教，硬是学会了一点儿。上级下发的各类台账填写后，日常工作还得靠人、靠视频监控，他觉得发动牧民是现实的办法。高铁穿过草场的牧民充实辅警力量，牧民感到这是玩一样的大好事，他教牧民辅警发挥家庭牧区联防的作用，每天如看望牧群一样，流动着看护着高铁线路的外围。

祁连山的冬天下雪的预兆比较明显，只要天阴云头越压越低、山风一吹就飘雪花，看到雪山迷迷茫茫，大雪迟早要覆盖山区，及早做好冬煤、饮水、粮食、蔬菜等储备是必需的。大雪封山的日子，他一个多月守在孤岛上，要是家里平安着，他还能放心补觉，与辅警娱乐一下，围炉烤肉，喝点儿小酒，喝着喝着，他就讲起工作的事儿，表面上是与大家讨论，实际是已经教给了工作方法。他不时地表扬一下辅警各自的长处，还在星级评比中奖励一下，大家高兴，工作有劲儿。

什么都不怕、什么都难不倒的老梁，却被一件事吓了一大跳：2016年1月21日凌晨1时13分，青海门源县发生6.4级地震，两小时中发生余震86次。浩门警务区离震中不足30公里，始料不及、突然降临，影响高铁。一个月前的一次5级地震，给高铁造成的损害至今还没有消除。

累了一天的梁俊生，还没入梦就被地震惊醒，他赶紧叫醒熟睡的辅警弟兄们，检查完警务区的房屋后，他向惊魂未定的辅警小王安排："立即打电话给相关单位了解线路情况，告知工务部门，轨检车检查隧道时通知我。"他边收拾装备边用手机与门源县公安局联系。获知地方受灾轻微，只有北山乡房屋出现较大裂缝，黑泉水库、东大滩水库没有受损，变电站及用水情况正常。他长长地舒了一口气：不会有冲击高铁的问题发生。他的判断给自己、给大家、给派出所吃了定心丸。

他穿上厚棉衣戴上棉帽子，拿上强光手电，乘着轨检车走向莽莽苍苍的祁连山隧道群。高海拔的隧道里氧气稀薄，寒风刺骨，确认线路及隧道安全，却是义不容辞的责任。他和工务、供电职工们徒步检查每个隧道，细致查看内部结构、线路表面的变化，检查接触网固定处有无裂隙，检查洞口护坡上的护网地基是否开裂。最短的隧道1公里，整个祁连山隧道群近10公里，4个小时的敲敲打打、推推晃晃、观察监测，最终确认了隧道及线路震后安全。

当他拖着布满冰碴儿的双腿、顶着风霜回到警务区时，天都亮了，他双眼布满血丝，健壮的五尺身材好像短了一截。简明地安排完工作后，辅警上线了，他立即起草情况报告——虽已电话报告了隧道群平安，但是这么大的事，必须有个技术含量的报告，才显得负责。

梦里，一列列动车呼啸着穿越祁连山，奔驰在高山草原上。平安的牵挂，可胜过对事业的热爱。睡吧睡吧，地动山摇不再，大地安静如初，动车飞驰在雪山蓝天、黄土森林中间，那是多美的画面。美梦中，有人叫嚷着“下雪了，下大雪了”，他从梦里走到了梦外。

他警醒后第一件事，就是打电话询问高铁客车运行情况。工务、供电部门请求支援除雪，他立即安排好工作，带领辅警投入了新的战斗。事后大家兴奋，七嘴八舌地描述地震：地震大不大，把天上的雪也震下来了……

“高铁高标准，高铁无小事”，梁俊生常挂在嘴上，也带头落实在行动上。巡线途中，他经常手把手地教育辅警仔细检查隐患、认真清理护网外的牲口，连护网上的塑料也要收回来。他说：“动车速度快，小小的塑料也影响探测器作用的发挥，丢弃到草原上，不但污染环境，牛羊吃了不消化，胀死了还不知咋回事。”

检查线路时，大到接触网、钢轨、信号机，小到线路两侧的护网、行车设施、重点部位，什么都不放过。碰上护栏和刺丝滚笼破损的，他先用手机拍照，再用随身携带的铁丝和钳子固定好，再拍照后发给工务部门，督促做好彻底整改。为此大家还讨论了一会儿，老梁的一句话打开了大家的心结：“什么你的我的他的，安全了就是大家的；高铁要安全，就在于大家不分彼此，举手之劳的事不干，我们的工作也就没有了群众基础；有的事我们干不了，但问题看到了就要指出来，督促应该管的单位彻底改正，置身安全才能置身事外！”

在铁路沿线驻站主要是生活不便，而在高原上驻守更是辛苦，这个严冬，浩门最低气温降到零下30多摄氏度，风呜呜地吹，像刀子一样的寒气刺入骨髓，要是保护不好耳朵，拉一下可能会掉下来，要是保护不好手脚，长了冻疮开了裂子就不容易复原。浩门的雪，数月不化，巡查线路困难，有几次，他都滑到了护坡下面，脚崴了大家劝他回去养伤，但他每次都笑着说：“跌打损伤药，专治脚崴伤，小病不大养，就治所有伤。”老梁用自己的行动和乐观引领着大家。

为这事武威铁路公安处的领导只要上浩门，检查完顺路就把他接回家，但他在家里待不了几天就主动回来了。民乐所干部民警轮流上警务区，但是浩门警务区多数都是他在坚守。他还主动提出，让替换他的民警到最适合的岗位上。他说：“我熟悉情况，有的工作需要长期经营，正干到节骨眼上人一走就黄了，再捡起来就不易。干出个样子来，大家不管谁来，顺着路数准错不了。”

有人反问：“革命工作，离了谁不行?”老梁笑着回应：“革命工作，没我会好，有我更好!”民警和辅警都服他，老梁坚守安全，用心坚守，快乐坚守。

走到百姓心里　我用爱心培育和谐的果实

兰新高铁与多条铁路、高速公路、国道遥相呼应，不时交汇拥抱，不时豪迈分开，把中国最广阔的西部与内地紧紧地连到一起。这不断刷新的建设成果，激活了西部经济。有了兰新高铁，从乌鲁木齐到兰州近2000公里的路途，现在只需13.5小时——半日千里、朝发夕至不是梦，是活着的风景，是西部豪爽的个性，是西部人民自己的高铁，这比提速后特快旅客列车都快了一倍。科技节约了时间，时间拉近了空间。有了兰新高铁，我们深刻体会到：那千古绝唱的“西出阳关无故人”，不仅是人烟的荒凉，关键是因交通不便，更有人情的冷暖!

山中岁月长，警区工作忙，日子就过得很快，两年不小心就过去了，忙不忙主要看工作的责任心。老梁坚信，警力有限，民力无穷，人情冷暖，在于你是冷是暖。

每逢辖区村社、学校集会活动时，他总会带领辅警到现场开展安全与法制、爱车与护路宣传教育，同时也掌握了社情民意，站车线治安防控就是顺路的瞭望。他是牧民的常客，在浩门警务区周边牧区，他要是穿着警服去，牧民自动迎上来与他闲谈，请他进帐喝碗马奶；他要是穿着夹克衫去，牧民们就把民族服装拿出来，他就是他们中的一员、他们的亲戚，他们一起大块吃肉、大碗喝酒，一同说事、记在心上。随便一家进去，他都上炕头、拉家常，热心帮忙，百姓欢迎。

他习惯了线路警务区的工作和生活，喜欢与老百姓打成一片的骨肉相连状态。岗位虽平凡，安全却牢固，就是不平凡的业绩。他几乎没有自己的休息时间，在张掖家中休息5天，两三天就办了警务区或牧民托付的事——他随身的小本上，不但记着工作上的事，另一面还记着老百姓的事。

多少个夜晚，总能看到他在灯光下整理着当天发现的隐患；多少个假日，总能寻迹到他在线路上巡防的忙碌身影。2015年5月23日上午，他与辅警巡查线路，发现一名男子坐在高铁护网外的山坡上喝酒，走近一看，已经醉了，劝离时，根本就拉不动，还哭嚷“不想活了”。好半天才约略听懂：这男子患肝炎，家庭负担加重，他等待火车，准备从高处跳下一了百了。老梁一看时间，有趟上行动车就要通过，情况紧急，他们合力将其控制，好不容易将他带到警务区。等待酒醒，劝解开导，开通思想，认识错误，老梁这才将其送回家中；并记下了他的病情，多方打听联系好医生。回家时开车把他送去检查治疗，之后只要回家，老梁就主动给他带药。他的病治好了，全家把老梁当活菩萨。老梁憨厚地笑笑，他的好名声传遍了十里八乡。

老梁心怀高铁安全，他将隐患整改与方便群众联系到了一起。2015年3月18日，天气转暖，积雪融化，他发现K2024至K2007区段多处涵洞因积水严重，尤其是K2009处涵洞积水深达2.7米，行人和车辆根本就过不去。不想绕道的人打着扒开护网的主意。他一看情势，就在那里扎了个点，搭起了帐篷专门看护起来，劝导行人车辆绕道，反复联系责任单位并按照程序报告了兰州铁路局。上级重视与现场协调双管齐下是措施，但是消除各单位之间的矛盾是关键，毕竟大家以后还要合作。他连续三天现场协调处理，最终妥善解决了隐患问题。根治了影响人们出行的顽固性隐患，就等于给老百姓一条康庄大道，知道的人在夸，不知道的人坦然地走。老梁说："我不是为了老百姓的夸奖而工作，与人方便自己方便，高铁安全大家平安。"

2016 年除夕早上，老梁还有个雪中送羊的故事。前几天，大雪覆盖了道路，大风把积雪扫平，分不清哪里是沟哪里是路，老梁迈着沉重的脚步，背着一个羊羔子走在风雪中。他要前往裕固族牧民张文家，为其送去昨天大雪中走失的羊羔子。进入帐篷后，只见老两口正在准备年夜饭。"张老汉，过年好啊!""梁警官，过年好！来就来了，还扛着个羊来，太见外了。"老梁哈哈大笑："仔细看看，哪有送活羊的?"张老汉惊喜地叫着："咦？这不是我家昨天丢失的羊羔子嘛。""是，我昨天下午巡线时在雪窝子中发现了它，小家伙生命力还挺顽强，就赶紧给你送了过来。"张老汉盛情地挽留老梁，他推辞着道："警务区的弟兄们还等着呢，我得和他们去看春晚。"令张老汉感动的是，自己电话随口一说，梁俊生却记住了，来回六公里，在一尺多深的积雪中给他找到送回，竟是为他能高兴地过个年。这种情怀，带给人的不仅是感动，更重要的是温暖!

多年的基层工作经历，梁俊生深知管好沿线治安，离不开沿线村庄村民的支持，更需要村干部的帮助。在这个汉藏裕固族人民群居的地区，发挥民族团结共保高铁的作用，意义与高铁安全一样重大。老梁本身是个态度诚恳、热情大方、举止得体的人。他和村干部、老百姓真心实意地交朋友，像朋友一样经常联系沟通，像朋友一样帮助排忧解难，赢得了尊重和信任，建立了融洽的关系，工作赢得了广泛支持。他引导他们协助做宣传、互通情况，共同应对难事。无论是在村社法制宣传还是在工区走访督促，大家都亲切地叫一声“梁警官”“梁大哥”。与群众距离近了，工作干起来就得力。

2015年4月25日傍晚，他和辅警巡线结束返回，发现一家藏族村民家中冒着黑烟，不像是炊烟。他们赶到后发现此家无人，他立即指挥大家救火，把周围的邻居也叫过来，合力扑灭了大火，减少了损失。他留下一人与邻居看护，防止死灰复燃，直到这家人回来，才知道发生了火灾，知道了老梁救火。他们感动得不知如何是好，双手合十，朝着雪山方向顶礼膜拜，祈祷“天山保佑，天使消灾”，念叨着要不是天使到来，他们就无家可归了。之后他们打电话，要立即赶到表示感谢，老梁说不用，根本推不过去，只好套用了一句名言“上天有好生之德”才摆脱。次日一早，老梁刚打开大门，发现藏族同胞一家人手捧哈达，站在警务区外面，他按照礼节迎上了同胞的感谢。迎接进来坐了会儿，说了些感谢话，喝了他们带来的酥油茶，吃了藏族点心，客气而高兴地成了亲人，老梁想这事就这样了。谁知道过了两天藏族同胞又特意到警务区送上一面锦旗，老梁不干了：“何必搞这个，替人消灾，警察良心，水火无情，我们有情！”他们指着墙上说：你们认这个，我受到了佛的启发。老梁一看墙上的几面锦旗，哑然失笑，心里赞叹着：多好的同胞啊！多纯朴的民风！一想着曾经在路上救助的裕固族同胞，他们又是请客又是送羊老梁都不收，心里过意不去，不知什么人给出了招送了面锦旗，竟成了对别人的启发。他想到去年冬季大雪天，他的汽车陷进雪窝中，在进退两难的时候，是牧民骑马找了两人两马，合力把他的车拉出了雪窝。老梁的眼中有点儿潮湿，但他诙谐地说：“那天你们把我救出雪窝，我也就是口头感谢，办个小事举手之劳，看样子我也要给你们送面锦旗。”大家笑了，老梁更清楚了：只要你做到了，群众就和你成一家人了。

大年初二，梁俊生带领辅警巡视线路，突然一阵急促的电话铃声响起，他拿起一看是儿子的电话，心想：这臭小子今天了才想起给我拜年啊。他刚准备说话，儿子的哭声就在电话那头传来："爷爷病重再次住院了，妈妈前天也出车了，我和奶奶在医院陪护，爸爸要不你回来看看吧，医生说需要尽快做心脏搭桥手术……"

梁俊生心如刀绞，真想插翅立马飞回到老父亲的身边。他沉吟一下，镇定地叮嘱儿子说："手术准备应该需要几天时间，你也是个小大人了，要坚强，我给你叔叔阿姨打电话，让他们先去，我安排完工作就回去。"挂断电话，梁俊生遥望着家的方向，内心深深的愧疚压抑着他，但是转头看看身后的辅警兄弟们，看看身边疾驰而过的动车组列车，他释然了。自古忠孝难两全，虽不能立即服侍老父亲，但是能够在岗位上守护万千旅客的安全。这是他作为警察的职责，也是作为一名警察儿子的光荣。

在学生寒暑假的时候，为了防止儿童在铁路旁玩耍造成伤亡，他在学校、村社组织完安全宣传活动后，还要走家串户，对顽皮孩子和家长们专门叮嘱。"一人出事，全家不宁，一人伤亡，幸福没了。"这是老梁宣传的常用语，老梁都成了牧民、村民心中的"安全大使"。

一个人的驻站生活，两年来的连续作战，展示了这位老铁警的忠诚、坚守和奉献。为了高铁安全和民族的和谐，他却成了父母眼里的"不孝子"，妻子心中的"负心汉"，孩子口中的"电话爸爸"。他就像一棵青松一样扎根在祁连山上，守望安全，护卫百姓，从没有叫过苦，更没有申请过调动工作岗位。

在浩门驻守的日子里，每每说到工作，梁俊生便有一种掩饰不住的喜悦之情。他最喜欢的就是在工作中体验那种快乐，每天乐此不疲上线，即使基础工作扎实，线路有绝对保障，他仍巡。我问他这又何必，他回应说："既能锻炼身体，又能发现动态，玩着就干了，还找到了快乐工作的方式，何乐不为?"

朴实的话语透露出点点的真诚，无言的行动渗透出执着的追求，警务区简陋艰苦的生活条件并没有影响他的工作热情，寂寞的山区生活环境没有改变他的工作态度，梁俊生不仅牢牢地扎根浩门警务区，而且该警务区自成立以来，创造了"无刑事治安案件、无危行案事件和交通事故、无行人入网和挡停事件"的三无成绩，用实实在在的工作为他和警务区赢得了上级公安机关的表彰和嘉奖。

哲人说：没有比脚更长的路。西部人说：没有比高铁更快的车。梁俊生以自己的行动，代表武威铁警自豪地说：没有比我们更忠诚的坚守。

二十八年的守望

机智的小田

兰新铁路像一条黑色巨龙伴着汉长城，在河西走廊群山、绿洲、戈壁、沙漠中蜿蜒向前，在古匈奴的发祥地焉支山下穿过，向西部浩瀚的原野奔去。

1985年3月，小田告别军营来到铁路警营，成为山丹草原边缘的山丹火车站的一名民警。那时的河西铁路还是单线，牵引机车还是蒸汽机车，客车车厢是绿皮车，不够用时还用拉货的棚车。当时的山丹车站公安派出所是一排砖基土坯的平房，民警睡的是木板床，不够用时，就拼成大通铺，生活还用煤炉子，交通工具是自行车和一辆偏三轮摩托车。

十来个人的小站派出所，背依莽莽苍苍的大山和草原，面朝着戈壁草原，而蒸汽机车像个患了哮喘的老翁，喘着粗气，在这狭窄的走廊中钻来钻去，慢慢地爬过芨岭，走过大青阳口、马莲井，与古长城结伴而行，走走停停，直到山丹站，才停歇下来。田文龙立在站台上，迎接了他到小站的第一趟客车。

西北的早春3月，还没有挣脱冬天的怀抱，朔风卷着沙尘、雪沫，无孔不入，戈壁滩上，小站孤零零地站在那里，如同坐标。火车司机跟他说，进站之前，看到有许多人在站东的货车上卸煤。田文龙一听，就向派出所跑去。所长一听，立即吩咐民警跨上那辆绿色的偏三轮摩托车，带着3个人，急匆匆地向现场赶去。远远地看到很多人在紧张地卸煤，所长向田文龙交代：找一个必经之地堵截。他们迂回过去，分头行动，借着地形的掩护扑向列车。看到人员已经到位，所长打开了警灯警报。

警报一响，车顶上的人全都不见了。田文龙堵的方向是东南方向，这里是县城附近散住户穿行铁路的必经之地。他在行人经常通过的路口，拿出警绳，在两边的芨芨草打了结，拉紧后，很是满意。

其他方向的两个民警已经抓住了几个小偷，所长开着摩托车把西北、西南方向乱窜的人都赶到了他这个方向，他又惊又喜，看着人越来越近，从土包后面跃出，猛地大吼一声：都给我站住，往哪里跑。一伙人立即绕开他向绳子方向跑去，登时，“哎哟哎哟”的呻吟声不绝于耳，他哈哈大笑：“让你们站住还不听，看，这下难受了吧。”

所长驾车赶到时，看到站在土坡上得意扬扬的田文龙，呵斥了一声。坡底下，一大片人在呻吟，煤块煤面已经把他们染成黑人，他忍不住笑出声来。等大家会齐了，一同押着“抢煤队伍”背着煤包，倒装在火车上。戈壁滩上，汽笛声声，庆祝着初战告捷。

回去的路上，田文龙带着两个偷煤的一路捡拾过去，背回了两半麻袋煤块。所长笑着说："快去收拾收拾，你看你都成啥样了。"

他笑着问："所长，你给了我个好方位，你为什么开警灯警报呢？不把偷煤贼都吓跑了吗？"

所长哈哈大笑："这你就不懂了，你们3个人守住了一线半个面，你们埋伏了，我就开车开警报吓唬他们，偷煤贼就如惊弓之鸟，必然向与我相反的方向——你们埋伏的方向跑。我开车把散开跑的他们赶到一个方向，另两路民警又虚张声势，就把他们赶到了你的方向，我用的是草原上打猎的办法——搂草打兔子。谁知道你还会下套，把他们一绳打尽。"

忠实的弟兄

时光如水，平平淡淡而又忙忙碌碌的日子一晃就过了几年，山丹站区又盼来了小年轻，还有许多女孩子。当时的小田已经24岁了，一米八的个子，身材魁梧，眼睛不大但是英气逼人，为人处世开朗随和、热情真挚，大家都说他是个棒小伙。

1991年的一天，武威铁路公安处某所的民警小马到山丹来，正在车站值勤的小田一看来了个学生娃子，心想我们山丹所又进新人了。三五句话后，他明白了这小马是来"探亲"的，对象是卫生所的小李。他看着前来接车的小李，指着有点儿腼腆的小马哈哈大笑："你这小子，从武威追到山丹来了，我可是近水楼台先得月，你得小心。"

小马也附和着笑道："都是年轻人，比赛比赛，看我马儿跑得快还是你田哥进得了她的心田！不过，既然你有心，托付给你我也放心。”

笑声化解了生疏，3 个年轻人的心近了。

话虽这样说，小田对小马的嘱托分外上心。听小李说，站区有几个小年轻有事没事到卫生所来纠缠，很闹心。一天傍晚，小田看到站区的两个小年轻又去了，他立即尾随赶到。他们一看田哥来了，顿时泄了气。小田轻描淡写地说：“这可是我们公安的媳妇，你们不要打她的主意了。”他们遮掩着：“我们是来开药的，不敢啊，田哥！”

大家哈哈一笑，似乎事情就过去了。

但是，事情远没有过去。一天，小马送给小李的索尼牌单放机不翼而飞。一接小李的电话，小田立即赶到，三问两查才明白：其中的一个小年轻不甘心，认为没有办手续，人人都有追求的权利，但是他无法下手，就把小李宿舍外的电线破坏了。小李电话求助时，一并把宿舍内的线路重新布局，千恩万谢中，他乘其不备，顺手把单放机拿走了，目的是为下一步接触创造条件。但是他没有告诉小李，谁知道小李报了警。

小田又好气又好笑，一番教育后带着他去向小李道歉。

事后，小田什么也没有说，在小李调动工作告别时，他才哈哈大笑地向小马、小李描述当时的情景，在感激声中，他诚挚地祝愿他们幸福。忠实的弟兄守护着小弟的爱情，而他没有动过心思。

铁警的干将

焉支山，祁连山河西走廊中部分脉，古老山丹草原的天然屏障，西部古长城绵延万里的钢铁龙尾部分。西北的几场秋雨过后，草原分外绿人，戈壁新城如初沐的西北汉子，刚强中不乏温柔。当夕阳坠入大地的胸膛，壮美的土地上一条钢铁动脉，载着和谐和希望东来西往，中间驻足于这个古匈奴视为生命之源的土地。

田文龙有句名言：如果我们不能护卫一方平安，让犯罪分子从眼皮底下溜走，就是最大的失职。他在工作中练就了一双火眼金睛，还主动向全所民警传授方法、经验，那些胆大妄为的不法之徒只要敢在山丹所辖区以身试法的，无一不撞在枪口上。

他在值勤中半夜抓住过盗窃电视机的窃贼。在大家还不重视检查托运行李时，通过检查托运，查处过贩卖国家一级文物“明代的冰裂纹蒜头瓶”的系列文物大案。曾在车站值勤巡视中，观察到候车室椅子上躺着的一名旅客周围苍蝇比较多，贴近查看发现其裤角、鞋上有血迹，一查身份、二问去向、三审定案，犯罪嫌疑人王某因一点儿小纠纷，将刘某一家三口杀死在家中后，准备乘火车潜逃，没想到碰到了“铁门槛”，张掖市民乐县公安局正在追捕堵截未果时，忽然接到铁路警方的通报，心里别说有多高兴了。

时针指向1997年，一同上班的战友许多已经调到了大地区，他仍在山丹坚守着。他已由一名民警成长为山丹所的业务骨干。

列车高亢的汽笛和明亮的灯光划破寂夜，给空旷的戈壁草原一线流动的生机。12月6日凌晨0时50分，2508次列车跨过古城金张掖，掠过星星似的小站，运行至山丹所管内时，中部的三辆车门猛然被打开，接着，一包包棉花滚落于路基旁。呼啸的列车通过戈壁小站小青阳，好像什么事都没有发生过，一路的绿灯报告着畅通和平安。

凌晨2时，K508次旅客列车司机发现路基下散落的棉花包，并有一辆8吨康明斯大货车正在装货，立即报告尖山车站，尖山车站向山丹所报警。赶到现场的田文龙一边向武威铁路公安处指挥中心报告情况，一边通报守候在尖山附近的民警火速奔赴现场。

远远地发现一辆装有棉花的大货车停在旁边的土路上，他们立即兵分两路堵截。卡车上的盗贼发现来人不多，还没有汽车，马上开车强行通过，夺路向国道312线（兰新公路）逃窜，民警恨恨地看着那辆蓝色康明斯扬长而去。

田文龙立即将情况报告指挥中心，公安处按照他们提供的情况，在张掖到武威的兰新公路展开了百里大堵截战役，最终人赃俱获，打掉了一个穷凶极恶的盗棉团伙，抓获犯罪嫌疑人5名，追回赃物棉花122包，破获了总价值达39万元的特大盗棉案。

冬日的西北高原银装素裹，呈现出一派祥和宁静的美好气氛，我们的铁警以自己的奉献，维护了铁路的安宁，而田文龙以自己快速的反应为堵截赢得了战机。

2007年9月3日凌晨，夕发朝至的兰州—嘉峪关的N851次旅客列车驶入山丹车站，旅客们匆匆忙忙地上车下车，一切显得那么平静、和谐。夜色浓重时刻，一对贼影悄然窜上列车，开车后5号卧铺车厢2名旅客的手提包被盗，内装现金、手机、数码相机等。接报后，田文龙一面立即向公安处指挥中心报告，一面组织民警迅速对站区及周边开展查缉工作。6时许，他带领民警在对周边旅社、宾馆走访时，排摸到山丹焉支宾馆内住宿的2名河南籍男子当晚外出于凌晨4时许回到宾馆的线索后，几路人马迅速向焉支宾馆合围。当侦破组民警冲进可疑人房间，一人反身扑向窗户，妄图困兽犹斗，破窗逃跑；一人正在厕所毁灭证据，妄图负隅顽抗，夺路逃窜，均被抓捕民警当场制伏。经搜查，两人携带的物品与N851次旅客列车被盗物品相符，确定重大嫌疑，带回山丹铁路派出所审查。

经过艰苦的较量和大量的证据，查明犯罪嫌疑人刘某、张某二人分别在河北铁路、河南地方盗窃旅客财物、居民摩托车被判刑。刑满释放后从河南出发，一路向西，从8月27日至9月3日，多次换乘汽车、借助夜幕从无人处翻入车站、潜伏观察车站职工作息规律、客车进站后乘乱混上列车、盗窃得手后立即下车、沿铁路逃出站场、洗劫值钱物品、丢弃无用东西、在异地低价卖出，从4趟列车上窃得价值数万元的旅客财物，准备“打通”陇海、兰新铁路，祸害别人，自己发财的罪恶勾当……

7点钟，东方破晓，闪烁的警灯迎来了第一缕朝阳。顺利侦破了“9·3”系列旅财被盗案，为旅客挽回经济损失近10万元。

响亮的汽笛宣告着胜利的消息，但是田文龙却带领战友们投入了侦查破案之外的基础工作。功成而不居，体现了一名基层干部的高风亮节。

多年后的今天，当田文龙同志倒在工作岗位上后，我们细细盘点发现，入警以来，他共破获刑事案件229起，抓获犯罪嫌疑人241名，受理查处治安案件4025起4034人，预防铁路交通事故193起，排查整治各类安全隐患近万起。在他和战友共同努力下，山丹车站派出所也获得了多项荣誉称号，他本人先后荣记个人三等功1次、嘉奖2次。2013年12月10日，兰州铁路公安局党委批准，追授他为公安局“优秀共产党员”“基层优秀领导干部”。2015年4月，他被公安部追记为二级英模，中国铁路总公司追授他“人民铁道卫士”称号。

他的家在派出所

派出所离山丹县城5公里，这座县城是新西兰援华友人培黎援建的小城，地处戈壁草原，不远处就是著名的山丹马场和古匈奴生活的焉支山。初到这里，就让他见识了一望无际、人烟稀少的戈壁荒凉，让他领教了遮天蔽日、咆哮肆虐的沙尘暴的厉害。这里饮用水水质差，要是把水往土地上一泼，一会儿表面就板结并泛起白碱，他因水土不服拉了好几天肚子。面对艰苦的自然环境和条件，田文龙没有被吓倒，就像戈壁滩上看起来不起眼却有着极顽强生命力的骆驼草一样，将根深深扎在了山丹这片土地上。

当时的山丹车站停留旅客列车8对半，车站附近单位少、人员稀、信息闭塞，没有文化娱乐场所和设施，属于武威公安处管辖自然环境较为艰苦的所队之一。但是他对派出所充满了感情，一直把派出所当作自己的家，从未因条件艰苦向组织提出过任何调离申请。从警28年来，所里的民警换了一茬又一茬，但他一直坚守在山丹所，从一名普通的基层民警干起，一步一个脚印，从民警到警长到副所长、再到副教导员、教导员、所长，变了的是年龄和职务，不变的是他对铁路公安事业的无比热爱和对山丹所的深厚感情。

1998年妻子从山丹调到张掖车站工作，他的家也从山丹搬到张掖，后来处党委考虑到他的实际情况，多次提出将他的工作调整到张掖地区，但都被他拒绝了。他说："山丹待久了，情况熟，还是把机会留给那些比我更需要的同志吧！"

田文龙在山丹派出所待的时间就是他的警龄，派出所民警和站区一些职工心有感触："田文龙同志当了所领导后，把心思全部用在了工作上，不管是平时，还是节假日，经常会看到他在山丹站区、货场、线路附近转悠，有时都凌晨一两点了，还见他出来巡视检查。别人过节回家了，他没日没夜地在所里坚守，真把派出所当作自己家了。"他的妻子周末来到山丹，职工们开玩笑说："老田没回家？"她笑着说："他的家在派出所。"

田文龙有个习惯，干什么都亲自上手，带领民警一同干，近年管内的特殊任务很多，每次执行任务，田所长给自己安排的岗位都是离所最远或停车时间最长的沿线小站，他亲自开车把民警一个一个安置在线路和岗位上。2013 年夏天的一日，祁连山下过大雨，离铁路线较近的碎石子路较松软，在执行任务的警力投送中，忽然汽车后轮传来异响，停车检查时发现一个尖石子扎破了轮胎。草原山路上前不巴村后不着店，没有一辆车通过，民警们都束手无策。田所长绕车转了一圈，立即动手更换轮胎。他较胖，放置千斤顶时穿着厚衣服钻不进车底，他脱了外衣慢慢地爬到车底下，装好千斤顶后又艰难地退出来，卸装好轮胎后，他满脸满手是黑油，人都成了泥人。他憨厚地一笑：这次做了个“泥人田”。同行的战友笑了，他化解了大家不会修车的尴尬，保证了警力的按时投送。

我们睡觉要深睡眠，休憩也应当有深休息——就是离开工作岗位几天，扎扎实实地让紧绷的神经松弛下来，及时调整状态是为了更好地、更有效率地工作。我们经常说回家、经常回家，实际上就是给自己的心灵找一个安静的地方。自从孩子上了大学后，老田的家就在派出所。他说：现在孩子上大学了，老婆过来洗洗衣服，我在所里给回不了家的民警做做饭，工作和生活都不贻误，在哪里都能休息。实际上，田所长是放心不下刚参加工作的这些新民警，孩子们家离得远，要回一趟家得好几天甚至半月，周六周日只要他在，孩子们心里不慌。

他不仅心系派出所、热爱派出所，更是倾力建设派出所。2007 年担任山丹所教导员、2011 年担任所长后，每年都有新民警到山丹所锻炼，每年都有老民警调整，铁打的营盘流水的兵，他就是山丹所过去的“铁营盘”。他带领全所民警改善所容所貌，在上面的支持下，先后对办公楼、民警宿舍进行了粉刷和装修，并配备了各种生活用品。他联系地方林业部门，在房前屋后种下梨树、杨树、槐树等 50 多棵树木，一到夏秋季节，枝繁叶茂、硕果累累。

这份责任我们担不起

2013年下半年，兰新高铁防设施建设是武威公安处乃至兰州公安局的一项重中之重的任务，时间紧、任务重、标准高、要求严。在新线派出所还未成立之时，田所长带领民警主动承担了青海门源经民乐到张掖的100公里新线的隐患排查整治工作。100公里线路，海拔在3500米以上的占了一大半，有些甚至达到了3700米，冷的时候气温近零下20摄氏度。民警知道他有脑梗、心脏病、高血压，劝他不要去新线，而他却说："新线两侧的路特别难走，过去的兼职司机到兄弟所队任职刚走，所里新民警较多，专职司机还没配，我驾驶技术好，别人开车我不放心。"

每次出发，民警包里带着干粮和水，而田文龙的背包里装满了大瓶小瓶的各种药。田文龙硬是带领民警克服高海拔、道路崎岖、空气稀薄的自然环境，用脚步丈量了新线每一公里线路、每一处安防设施。血压高了就服降压药片，饿了就吃些大饼咸菜，渴了就喝矿泉水，有时候矿泉水都结冰了，他们就揣在怀里暖化了再喝。

有一次休息间隙，田文龙气喘吁吁地爬到一个小山丘顶上，双手叉腰，望着远方绵延的线路深情地说："高铁开通后，兰州到乌鲁木齐的时间缩短了一半。现在我们苦点儿、累点儿，将所有安全隐患消除在萌芽状态，就是为了确保将来高铁的安全。如果现在马马虎虎，真有一天发生了事故，我们就是历史的罪人！这份责任我们担不起。"几个月下来，田文龙带领民警往返行程近千余公里，发现排除安全隐患近千余处，确保了兰新高铁介入工作的顺利开展，而他自己却患上了严重的肺炎。

感觉就像自己的父亲

工作中田文龙是所长，生活中田文龙是慈父，他对民警的关怀无微不至。山丹所未结婚民警占全所民警的一半之多，田文龙怕派出所地域偏僻、条件艰苦，新民警找不上对象，就主动和地方医院的医生护士、学校的老师、乡政府的干部沟通联系，并和他们开展联谊活动，为民警牵线搭桥。

民警武学俊家在甘肃永登，年龄也较大，田文龙不仅给他介绍对象，还帮忙装修房子，操办婚事。小武的感激是无法言表的，把工作干好，不给田所长找麻烦就是他的朴素心愿。家在河南的民警姜高松对田所长的平易近人感受更深，有什么困难或心里不舒服的地方，都会给田所长讲。小姜说："他和我爸的年龄一样大，感觉就是自己的父亲，隔段时间他会安排我们回家看看，并一直叮嘱要多陪陪父母，多和他们说说话。"

节假日派出所伙食团做饭的大师傅回家了，擅长厨艺的他就会乐呵呵地当起厨师，为民警露一手，还得意地说："不会做饭的警察不是好警察。"怕家在外地的民警吃不习惯，他就通过百度了解外地的特色菜，做给民警吃。他经常说"吃饱饭不想家"，实际上他做着民警的家乡饭，民警吃的是一个老警察对他们无微不至的关爱。

一到周六日，所里要改善伙食，实际上，这两天是做饭的大师傅休息的日子，做饭的事情多由他亲自出马。他带领休班的民警上市场购买食材，之后与民警一同备菜，一边给民警唠叨："成了家就得会做饭，现在不教你们，我这个老哥就不够称职；实际上，日常生活，除了爱情，其他都是柴米油盐酱醋茶，做饭也是人生的享受，看着你们吃得很香的样子，我也很享受。”他从刀功、火候、用盐、调味等方面一一示范，慢慢地，一些民警会做饭了。但只有一道菜，老田要亲自下厨——红烧猪排。用料准备好了，他赤膊上阵，勾芡上酱，厨房里响起交响曲，院子内外香味阵阵，连对面家属楼上的人都知道老田在给大家做大菜。半小时，他哈哈一笑：“好了，开饭。”围在厨房打下手的民警亮开嗓子叫起来：“吃饭喽。”

饭桌上，二热二凉，两荤两素，红绿白黄，搭配悦目，特别是那盆红烧排骨，红黄相间，晶莹酥软，土豆和蒜苗点缀中间，勾起了大家的食欲。大家还没有坐好，他已经给值勤的民警盛好了饭菜，单独放在一边。大家只有一句含含糊糊的话：多少次，吃不够。餐厅里，只听见津津有味的声音，只看见狼吞虎咽的样子，没有人说话，没有人停顿。而他自己就坐在门口抽烟，很惬意地笑了。他胖，早上吃饱中午一般不吃饭，只品尝了一块。

这层关爱和责任已经渗透到老田的血液中，在他病重兰州住院期间，每天早上都要给所里打电话询问工作情况，并一直嘱咐大家开车要慢、要谨慎小心，干工作必须细心，工作做实做细了就不会出问题。工作实了，安全好了，但是他却没了。在最后的时刻，民警小崔开车送他到山丹县医院抢救，心情特别紧张，一路颠簸，老田大汗淋漓，捂着胸口，忍着剧痛用微弱的声音提醒：“慢点儿，注意安全！”——竟成诀别！

群众的事再小也是大事

田文龙本身就是个热心人，总是把旅客群众和站区职工当作自己的亲人来对待，不管大事还是小事，只要有求于他，他都尽心相助。28年来，他为旅客群众做好事800多件，救助危难受困旅客群众600多人次，捐款1万余元。

2013年5月，站区孤寡老人张广仲突发心脏病，一接到电话，他立即开车把老人送到医院，替他办理了住院手续，又垫了医药费。老张没有救活，他又找人安排处理后事，垫了不少钱。从小患有小儿麻痹症的老马行动不便，至今还是一个人，田所长经常亲自扛着煤气罐送到家里，嘘寒问暖。年近八旬、子女都在外地工作的站区丁奶奶，得知田所长去世的噩耗后，一下瘫倒在地，哭喊着说：“让我替你都行，你为什么要走?”丁奶奶回忆说：“我患有糖尿病、高血压，身体一直不好，有好几次都是田所长开车送我去医院。每天，他都要到家里转转，叮嘱我按时吃药，还问我想吃什么菜去给我买。我时常提醒他记着吃药，但他一忙起来就忘了。当听到他去世的噩耗后，感觉天都塌了，不相信这是真的，他这么好的一个人，怎么说没就没了?”

2012年8月22日16时许，田文龙带领民警巡线途中，发现一名衣衫褴褛、蓬头垢面的女子在铁路边行走，出于安全考虑遂将其带至所里询问。得知该女叫熊小利，家住四川，因外出打工丢失了钱财，在身无分文、万般无奈的情况下，准备沿铁路线步行回家。田文龙找来一些衣物，叫来车站职工家属丁阿姨带其洗漱和换洗，并在所里吃了晚饭。为了让她平安返家，田文龙安排民警为其购买了车票和方便面、面包、矿泉水等物品，上车前，田文龙又掏出100元钱塞到该女子手中。该女子含着眼泪踏上了返家的路。民警窦天龙说：“像这种事田所长遇到得太多了，我到所里两年多了，他差不多帮了二十几个，估计好几千块钱都捐出去了。每次他都会安排那些有困难的人在所里吃饭，并在走的时候既买车票又塞钱，大家看到田所长这样，在他的带动下，也都纷纷出力帮助，有20就给20，有50就给50。”

田文龙急群众之所急、帮群众之所困，以实际行动进一步密切了警民关系，一旦线路有事，群众也主动向派出所报告，一旦发现有人试图翻越护网走近道，群众都主动抑制，连那些半大的小孩儿，发现父母在铁路边动作不太对劲儿，立即叫喊："田叔叔说了，违法的事不能干……"

战斗到最后一刻

田文龙患有高血压、心脏病。2013 年 11 月底，他突然感到心口疼，在同事们的劝说下，前往兰大一院住院检查治疗后就匆匆返回。

12 月 7 日凌晨，山丹下了一场小雪，早晨大家都在扫雪，田所长就坐早晨的 T9204 次客车回来了，大家一下就把他围住了，你一言我一语的很亲热，但内心充满了感叹。12 月 6 日晚他才从兰州看病回来，今天就来上班，为了工作简直不要命了。大家都劝他再休息几天，但他却说："我身体恢复得还可以，大家不用担心。这些天我不在所里，大家累得够呛，等完成这趟重大任务后，我盯着，你们都轮流休息！"

他看出了大家的疑惑，开朗地说："我老田闯过了一个难关，再没有什么能够难倒我，大家放心，今晚的任务执行完后，我一定听你们的，好好休息两天。"他亲自下厨给大家做了顿红烧排骨，自己只吃了一口。中午没有休息，才过两点半就叫上包保干部马树德，到汽车修理厂修好了关不严实的汽车后门。晚饭后部署了任务，与在沿线执行任务的同志一一通话，叮嘱了安全事宜。晚上 10 点左右，与大家执行完任务后才休息。

次日大家劝他回家休养时，他把休整的机会让给大家，自己坚守岗位。就是这天，12 月 9 日下午，他突感腹部剧痛难忍，以为是胆囊炎犯了，派出所民警迅速将他送往山丹县人民医院，确诊为冠心病主动脉夹层破裂，经抢救无效与世长辞。副所长唐高强含泪回忆道："抢救田所长我在医院现场，当抢救医生宣布田所长死亡的一刻，我和其他 3 名现场民警都一时蒙住了，我们不敢相信这是真的，我们流着泪恳求医生要想尽办法把田所长抢救过来，但是医生也无回天之力。"

站区好多职工群众获悉噩耗后，纷纷涌向山丹县人民医院，现场哭声一片、令人无不为之动容。民警崔森虎回忆说：8 号那天，我找田所长在警卫方案上签字确认时，就感觉他有点儿不对劲。平时，田所长签字时字体洒脱飘逸，但那天签字时，我看到他在警卫方案上签署"严格落实警卫方案，确保列车绝对安全"的要求时，字迹有点儿歪、有点儿斜，没有了以往的书写风格。当时他脸色不好，说话时身体打战，我就劝他去医院检查一下，但他却摇摇头说："没问题，你去忙你的吧。"谁知第二天他就离开了我们，十六个字成了他留给我们的绝笔。

太多太多的事，勾起大家对田文龙的无限怀念，太多太多的人间大爱，在一个基层派出所民警到所长的岗位上实现。平平凡凡的人，以忠诚做了许多平平凡凡的事，二十八年的守望，二十八年的奉献，却兑现着一个铁路公安民警对人民的承诺。

一位警官和他的追求

1993年8月13日至24日，兰州铁路局武威铁路分局所在地武南镇7个铁路内部单位连续发生8起盗窃案，共计损失财物折合11499元。案情紧急，“飞天大盗”的传闻不胫而走，一时间武南地区内部人心惶惶，生怕大盗光临破坏单位综合治理的成果。

盗窃现场一片狼藉。由于现场围观的人太多，加上人们进进出出，现场遭到严重破坏，要找线索简直比登天还难。怎么办？正当人们无望时，武铁电视台却播出了一条爆炸性的新闻：“连续在内部单位作案8起的武南某单位汽车司机边某，被武铁警方捕获。”破获这批案件的就是兰铁公安局警犬基地的警犬云昆，它的主人是大名鼎鼎的“全国优秀人民警察”、警犬基地主任马昭晖。

他哭了

马昭晖是个身高一米六，头发花白的老警察。年轻时他受过许多苦，从来没在困难面前低过头，他意志坚定、性格刚强，只有流血流汗的时候，没有流泪流涕的样子，但是当他看到终于恢复健康的警犬时，却激动地流下泪来。

1992年10月下旬，带犬训练了一天的他来到犬舍，发现一个个幼犬无精打采地趴在地上，眼神暗淡，不愿与主人接近，没有一点儿往日的亲热劲儿。一种不祥的感觉掠过心头——是不是患了细小病毒病？这症状与资料上介绍的一模一样，呕吐、拉稀、精神不振。这种病一旦发生，死亡率高达80%以上，怎么办？

与兽医站联系，兽医确诊无误，摇着头走了。与省农牧学校联系，专家说无法挽救。与农牧家畜病院联系，教授说无能为力。

他急疯了，吃不下睡不着，挟着被褥与犬为伴。犬可是他的命根子啊！

时间一天天过去了，六天里有九头犬死亡，成年犬也不同程度地受到感染，刚刚建立4年的警犬基地面临着毁灭的考验。面对危险，最能体现一个人的应变能力。“我们不能坐以待毙”，应把治疗犬细小病毒作为《犬病防治》课的活教材，培养民警的应变能力。

所有的警犬都被隔离；所有被隔离的警犬都由他驱车送食送药；所有的犬舍都用消毒水反复消毒；所有的民警都分别带着犬当起了兽医。

一头头病犬终于挺起了身子，开始了觅食，开始了吠叫。当学员们欢呼雀跃的时候，他在思索另一个问题，他决心为基地配个兽医。于是不惜一切周折，把甘肃畜牧学校的一名助理兽医师挖了过来。他像当年率先配齐技术科设备一样配齐了医疗器械，做到“无病防病、有病治病、探索规律、超前介入”。从此后，基地繁殖的幼犬，无一只患传染病死亡。

他为自己创建的警犬基地流着泪，人说：“这泪，流得傻。”他却说：“这泪，流得真。情到真处始执着。”此话不假。

他笑了

他是一个很有眼光的人，那年铁道部公安局倡议在全国铁路公安机关建立警犬队时，他就坐不住了。干了20多年公安技术工作的他，深感警犬技术可以弥补警力不足、人的感官不能达到的地方，是公安工作的有利补充。为探索公安技术工作的新途径，他去寻找适合养犬的风水宝地。

他选准的地方是一片高产的农田，亩产在千斤以上。这样的高产地，是农民的心肝宝贝。为了买到这块地，他坐在农家的炕头，和老农拉起了家常。他深知道，攻克了老人的关，别的就好办了。老农望着老公安，一起抽着烟喝着酒，微醺的时候，思绪如烟雾酒气一样扩展开来。他讲述他们祖祖辈辈侍奉的这块土地，人力使荒滩变为良田，土地承包后，这土地无异于自己的恩人，给了他们吃的、穿的、用的。他很耐心地听着，不住地点着头。他也从30年前的兰新铁路建设开始，说到武南的今昔变迁，铁路带动了经济的腾飞，也给地方带来了致富的机遇。他以一个老公安的经历讲述了公安工作的难处，向他们讲述警犬在维护社会治安、打击刑事犯罪方面的重要作用。嘴皮磨破鞋磨穿，精诚所至金石开，村民们终于同意让出宝贵的土地。

无数次武威至武南的穿梭中，他拿到了土地征用许可证。他笑了，在一种老有所为、心想事成的心境之下，笑得很惬意。

他怒了

他是个严肃的人，不怒自威，20多年的公安刑事技术工作，使他洞世入微，严密的执法实践使他一身正气。

他对招标选定的农村包工队，还存在一定的疑问。每天早晨处理完技术科事务后，他就一头扎在施工现场充当质检员、夜里来做巡守员。他在房建干过五六年，包工头和工人们的舞弊行为瞒不过他。地基挖得浅一寸也不行，墙砌得歪一点也不行，质量不高不行，必须得推倒重来。他耐心地向他们解释："打好基础，以后要发展，加层就没问题了。"他憧憬着警犬事业在武威这片土地上生根开花结果。工人有意见，他一声不吭地拿起了砖刀，随着接砖、砍砖、挂浆、固定，一系列的动作令工人佩服得五体投地——砖刀上干净利索，墙基下连常规消耗的水泥都很少，砖与砖衔接错落有致、上平下直——好一个专业功夫！

工人们服了，包工头却沮丧地说："给老科长干活，赔本赔定了。"包工头不死心地问："何必这么认真？"他回答说："老弟，你应把这个基建工程与你们工程队的信誉、我们的警犬事业密切联系起来，挣钱是你承包工程的初衷，但并不排斥确保质量。质量不合格，必须返工重干。"

包工头心想，这可能是我没上供的缘故。于是他瞅准他在家的机会，揣了一个2000元的红包来到马昭晖的家中。闲谈中，装作掏烟把香烟和红包放在茶几底板上，然后拿起烟盒让烟。这一细小的动作没有逃过马昭晖的眼睛，他严厉地说："收回去!"包工头难堪地说："一点儿小意思，主任笑纳，结算时你照顾一下就出来了。"

他怒了，脸涨得通红，指着包工头斥道："我选农民包工队就选个你们的实在，谁知你却如此世故，把这一套用在我的身上，你把我看成什么人了？我是一名人民警察、共产党员，本人的人格容不得这种假公济私的不正之风。"包工头灰溜溜地夹着红包走了，再也不打偷工减料的主意，而是扎扎实实把工程质量当作经济效益抓住不放，他自嘲道："马昭晖这样的人现在真不多见。"

尺子在人们心里，质量在技术之中。后来警犬队扩建为基地，在进行加层工程的抗压试验时，工程技术人员竖起了大拇指。三层小楼拔地而起，而施工队仍是原来的那支包工队。这是老科长的褒奖，他把奖颁给理解他的这支农民包工队，也扳正了一个初出茅庐的农村施工队的发展方向。

他忍了

黎明时分，他早早地来看他的警犬。它们如同受阅的士兵一样端正地站在犬舍门内，特别是那只"云昆"，耳朵、尾巴直竖，双眼炯炯有神地盯着他，宛如一支上弦的利箭。他轻轻一笑："这云昆，吠!"这些颇通人性的精灵，用一片整齐有序的"汪汪"声，拉开了基地新的一天，也拉开了他选犬接犬的往昔回忆。

他跑遍全国十几个警犬基地，请教专家、内行，反复对比，优中选优。他和接犬的民警在行李车上和警犬同行，冬天寒气逼人，冻得直打哆嗦，夏天酷暑炙人，热得如坐蒸笼，可他们还要为警犬喂食喂水、清理粪便，在停车长的大站，要为犬梳洗散放，怕闷出毛病。最难的就是转车了，为节约用费，他们一笼一笼地把警犬抬上抬下。有好几次，警犬在车站咬开铁笼蹿出，他不顾一切地拦截，那心早跳到嗓子眼了。千里的来回，精神在高度紧张中度过，运行途中，头不禁歪在犬笼上睡着了，梦里还想着他的犬、犬、犬。

他忍了。他说："看到购回适合西北地区生长繁殖和使用的犬种，尽管吃尽苦头，但我心中仍是甜蜜蜜的。"那纯种的德国牧羊犬，无不凝聚着他和伙伴们的血汗。每当他携犬出巡，他就有一种"左牵苍，右牵黄，千骑平山冈"的大将之感。

无须多言，我们从马昭晖身上，看到的不仅仅是一个普普通通的公安民警的追求，也看到了一个兢兢业业的公安民警的奉献。而这种精神，正是我们时代最需要的精神。和千千万万的奉献者一样，他和他的战友从事的事业，既是普通的，又是伟大的。

20世纪90年代河西铁路反货盗大扫描

一条蜿蜒曲折、逶迤千里的河西走廊，古人用双脚和骆驼踏出了历史闻名的“丝绸之路”，今人以兰新、宝中一干武铁路将河西与内地连成一体，这戈壁与绿洲，演绎了几多勤劳与贪婪、正义与邪恶较量的故事。

无孔不入的坐地硕鼠

铁路线旁居住的世世代代面朝黄土背朝天的农民，一朝梦醒，他们发现这巨龙身上尽是宝贝，其中一些好逸恶劳之徒，讥笑父辈们守着金山讨饭吃，扔下铁锹上了铁路。一开始他们的盗窃还局限于煤炭、化肥等生产生活资料，后来发展到见啥偷啥、偷啥算啥，由单个偷到全家偷，农闲时偷农忙时还偷的盗窃专业户。有的村庄里还有“铁路通”，对铁路运作情况了如指掌。

1993年是河西铁路货盗案件发案最多的一年，较大以上的就有180余起。武威铁路公安处开展大规模战役6次，一战未完又是一战，相当于一年打到头，没有停歇。顽强奋战后破获货盗案件176起，摧毁货盗团伙181名，追回赃物折合77万余元。特大货盗团伙中，父子、兄弟出动，往往全家都是知情人，破案给犯罪家庭的打击也是致命的，法律严正地告诫人们：多行不义必自毙！

案例之一：张掖“杨氏四雄”货盗案。张掖市碱滩乡杨庄村民杨成等“杨氏四雄”，先后扒车盗窃32起，盗窃彩电、录音机、百货等40余种价值为10万余元的铁路运输物资。案件是这样侦破的：1993年5月19日夜，一列货车在太平堡站停车时，一棚车中的麦乳精、踏花被被盗，价值并不大，但铁路民警并未放过，他们走遍附近乡村，偶然发现这四家的日用品几乎相同，连品牌、花色、款式、物料、厂家、日期都一样，与当地农民的消费水平明显不符，这疑点成了该案的突破口。杨家人在谈话时惶惶不安、破绽百出，他们既想蒙混过关，却又不能自圆其说，真应了“聪明反被聪明误”的俗话。搜查中搜出了成箱的麦乳精和几条踏花被，有一家立即开始销毁赃物，等民警赶到时，仅发现两个来不及藏匿的麦乳精袋被风吹来吹去。麦乳精到哪儿去了？那家的人说：“我们再穷，喝奶粉也买得起的。”民警们疑惑地在院中走来走去，这时杨家的猪蹿出圈门到猪食盆抢食，但却对着饲料下不了口，办案民警上前一看，猪食盆里全是乳制品……杨氏集团机关算尽，终未逃脱法律的制裁。

案例之二：北河站货盗案。1993年4月6日，北河车站的几名职工与农民驾驶汽车盗窃运输油料，武威铁路公安处抓获了5名犯罪嫌疑人，但他们为了哥儿们义气，执意守口如瓶、避重就轻。办案民警认为这些贼胆包天、驾驶汽车、大白天盗窃作案的狂妄势头绝非一朝一夕所形成的。在调查取证的过程中，他们运用矛盾、分化瓦解、铁证对质、政策攻心、各个击破的策略，历时40多天，终于挖出了王建国等20多名罪犯交叉结伙，路内外勾结，掀盗作案24起，盗窃电冰箱等10余种价值为6.87万元的铁路运输物资的犯罪事实。值得一提的是，王建国等铁路职工家住离北河车站5公里的武威市，按当时普通铁路职工的家庭生活状况，没有人像他们那样过着上下班骑摩托、家里高档电器一应俱全、室内经过装修、抽香烟也是上档次的生活。案破之后，惊羡他们的人才明白：原来是一窝铁路蛀虫。

案例三：特大钢轨被盗案。1993年10月26日，武威铁路公安处在侦查春风养路工区21根备用轨被盗的案件中，在某市物资回收公司首先发现的并不是被盗钢轨，而是被锯割的其他型钢轨，他们并没有就此作罢，而是顺藤摸瓜，数赴嘉峪关、酒泉市扩大战果，最后一举摧毁了5个团伙，抓获张昌和、李章顺等20余名犯罪嫌疑人，追回钢轨177根、岔心8组、车辆轴156根、车轮180多个、其他路料近百吨，总价值30余万元，数天中追回大多数赃物，20余名犯罪嫌疑人悉数落网，打了一个相当漂亮的攻坚仗，受到了武铁分局的高度评价和奖励。

猖獗流窜的江洋大盗

河西铁路货盗犯罪由单个的盗窃，不断向专业化、团伙化方向发展；农民盗窃不断向路内外勾结、盗运销一条龙方向发展；流窜盗窃不断向现代化、智能化方向发展。“坐地户”受到了致命打击，但外地的流窜犯罪团伙骤增，这种流窜犯唱着“说走咱就走”的好汉歌，活动猖獗，穿梭作案，为首的是到过河西三地区的工匠、生意人或无业移民。他们昼伏夜出，辛勤地“上班”“做生意”，做着回乡后生意兴隆、炫耀乡里的美梦。他们与当地农民合伙，利用其人熟地熟的便利条件，重金雇用个体司机为其运赃，千里之外的大型集贸市场联系订货人为其销赃，“空手道”生意做得红红火火。团伙盗窃目标从没有选择到重点选择，从洗劫棚车、敞车、集装箱到专门洗劫棚车。

案例之一：军垦站货盗案。军垦车站是武威铁路分局最西端的一个车站，1994 年 6 月，武威铁路公安处在此破获了一个以甘肃省崇信县柏树乡农民郑永军和酒泉军垦分公司黄花农场工人余斌为首的、由 16 个人组成的盗窃团伙。他们中一名开饭店供联络食宿用，其他人各有各的职责，或掀货、或运赃、或销赃，分工明确，各干各的，事成分红。他们自 1993 年以来共作案 25 起，盗窃价值 20 余万元的铁路运输物资，从列出的部分清单看，足可以开一家中型商店。1995 年 10 月在执行郑永军、余斌死刑时，郑永军大言不惭地说：“我郑永军在河西风光的一阵子，比你们一辈子享的福都多。”极端利己和享乐主义的心态昭然若揭。

案例之二：兰新线金昌至武威区间货盗案。陇西县是武威铁路分局的扶贫重点，然而在 1995 年，在兰新线金昌—武威区间出现了一个以陇西五乡娃、广河人马白克来、武威人冯云为首的，由 20 余名成员组成的，案值达 40 万元的盗窃团伙。他们有详细的盗窃计划，组织严密，分工明确，选择了两个掀盗点和联络方式，盗运销一条龙，数次在公安民警的追捕下驾车逃遁。有必要说一下陇西和广河，陇西是个“十年九旱”的穷县，陇西云田乡石家门村在陇山半山腰，是个典型的盗窃村，村前有山沟，沟前有座小山峁，山下一有陌生人进村，山上的放羊娃就立即放倒“信号树”报信，那满山遍野的窑洞和千沟万壑的地形可随处藏身。有一年陇西县公安局出动100多名政法民警和300多名武装警察，突袭式地把那个村子包围了起来，才抓了3个人。该村的16岁至50岁的成年男子几乎都是负案在逃者，家里只有老人、妇女、儿童。我们办案民警到村子后，问小孩："你爸哩?""没爸。"问妇女："你男人呢?""死了。"我们的民警到几个罪犯的家里，这么穷的地方竟盖了一院簇新的大瓦房，全是高档装修，大彩电、高级音响、洗衣机等家电一应俱全，家具档次也很高，地是水磨石地铺地毯。广河县由一个三甲集镇发达起来，这个不出产品的地方，因发展商贸，一跃成为中国西部第一大内陆商贸旱码头。三甲集镇的人挣运费的居多，像马白克来之流，当问及他是否想到收购赃物构成犯罪时，他不屑地说："做生意就是为了赚钱，我也是转手倒卖从中渔利，有东西送上门来能不要?我才不管它是怎么来的。出钱买货也没什么不对，发财才是硬道理。"当问他："为何跑到甘肃来，不在广河等送货上门?"马白克来说："我嫌他们送货送得慢，不会办事，我来帮他们把货物运出去。"强盗的逻辑无所谓法律。不法商人的财路就是不择手段。漫漫追捕路上，铁路公安民警付出的不仅仅是血汗，而且包含着对社会风气低落的深深忧患和匡扶淳风的不懈努力。

案例之三：特大剧毒品被盗案。这起震动全国的700公斤剧毒品氰化钠被盗案，是5名流窜于嘉峪关市的四川无业人员所为。1996年4月18日，他们在绿化站停列车上发现装载氰化钠的铁桶，以为是贵重物品便盗走了。8天后，剧毒品被铁警悉数追回。在这8天里，嘉峪关市人民都不敢擅自饮水。

案例之四：兰新线武威南至金昌特大货盗案。这是以陇西人李军宝、通渭人闫跟虎为首的由12名成员组成的团伙所为的盗窃案。他们于1995年11月至1996年6月期间，在金昌至武威南区间，盗窃彩电、电风扇、布料、百货等总价值达31.5万元的铁路运输物资，破案后共追回赃物价值达26.2万元。两首犯也于1997年4月10日被执行极刑。值得一提的是，两案的突破口是武威铁路公安处金昌站、武威南站公安所值勤民警清站查车时发现可疑人后挖出的。做好站车查缉、阵地控制的小工作明显地起到了大作用。

案例之五："97·1"专案。该案起因于1996年11月上旬，一车皮棉花、一车皮贡梨在运输途中不翼而飞。1997年年初由上级公安机关指定武威铁路公安处破案，该处经过半年的不懈战斗，在一无线索、二无赃物、三无嫌疑人、四无通信设备、五无交通工具的情况下，克服难以想象的困难破获了这一"迷踪案"，最后查明该案系路内外勾结、假造货票和领货凭证、变更到发站、铁路职工利用工作之便、偷换货票的盗窃案，两案总价130多万元。把本该运往广州的贡梨和商丘的棉花，分别发至哈尔滨和昆明。该案主犯尚国梁被判处无期徒刑，斯巧文及其他罪犯被判有期徒刑。

行动诡秘的盗棉团伙

随着棉花市场的需求量加大，棉花作为国家控制的重点物资进行保护性收购，棉花价值不菲，包装严密，不怕摔碰，便于装卸，随处可销，成为盗窃犯罪分子掀盗的重点。从1995年下半年开始，河西铁路盗棉犯罪猛增，1996年掀盗焦点集中到了棉花上，销赃的重点地区是陕西礼泉县、乾县、甘肃广河三甲集镇。盗棉犯罪行动诡秘，呈现四个特点：一是掀盗地段较偏僻；二是盗、运、销一条龙；三是外地流窜犯与当地农民勾结；四是都有交通运输工具。精心挑选的作案地点在能开出机动车辆的荒无人烟的戈壁、沙漠地带。让我们来看两个案例，体会武铁公安民警反击流窜盗棉犯罪活动的艰辛和其凌厉攻势。

案例之一：围追堵截破获“12·6”特大盗棉团伙案。这是武威铁路公安处1997年12月17日破获的一起价值37万元的盗棉案，整个侦破时间仅12天，追回赃物价值24.4万元，抓获5名犯罪嫌疑人。该案是陕西人李林等于1996年夏在兰新线山丹站附近开车盗棉得手逃跑后，潜伏了一年的又一次大规模行动，盗棉窃贼在离山丹站几十公里的戈壁荒滩上，以康明斯大货车为运输工具，并在数百公里的312国道及武景公路上，与一路围追堵截的铁路公安机关民警进行了车战较量，最终技穷就擒。其他罪犯由民警千里追捕到宝鸡后抓获。该案的破获第一次显示了武铁公安处1997年3月开始探索构筑的治安打防网络的机制优势。

案例之二：破获“4·10”特大盗棉案。1998年2月至4月，兰新线明水河—高台站发生4起盗棉案，共丢失棉花200余包。武威铁路公安处决定在兰新线武威南站—清水站区间进行一场大规模歼灭战，4月10日，6路刑警和7个铁路公安派出所同时行动，调查的触觉伸向沿线农村，盗贼被迫转赃。刑警在68小时中就从国道312线武威段和高台、定西、陇西抓获嫌疑人20名，追回棉花142包，为国家挽回经济损失23.8万元。该案是武威铁路公安处公安派出所改革和刑侦体制改革后，破获的第一起大案，成为检验武铁公安处治安打防机制的渐趋成熟的佐证。

标本兼治的公安工作

铁路流动性大的特征，决定了铁路盗窃案件具有稍纵即逝的特点，“及时发现案情”对破案和打击犯罪具有重要意义。从铁路公安机关破获的货盗案件来看，挖出的孤儿寡妇、查清的积案多，打击犯罪抓住一个，带出一串。“加强防范、打击现行”是对付货盗犯罪的治标之策。从作案人的身份来看，1993 年前多是铁路沿线的农民，1993 年至 1995 年主要是沿线农民与铁路职工，1995 年后主要是沿线农民与流窜犯。从撬盗物资来看，1993 年前主要是生产生活资料，1993 年至 1995 年主要是百货、家电，1995 年后是棉花。1990 年至 1997 年武威铁路公安处共摧毁货盗团伙 277 个，抓获犯罪嫌疑人 912 名。8 年中，货盗案件发案最低的 3 年分别是：1990 年 64 起、1992 年 20 起、1997 年 56 起，其中损失最少且追赃最多的是 1997 年，追赃折款 29. 4 万元，货盗净损失 17. 6 万元。就是这一年，武威铁路公安处决定以机制的优势开拓反货盗斗争的新纪元，致力探索构筑“防范在先、发案即知、快速反应、协同作战、打击有力、职责分明、标本兼治”的治安打防控机制。从基础工作着手，加强防范和阵地控制，提高民警发现、识别犯罪的能力，发挥铁路公安机关站车查缉、打击现行、打击流窜犯的阵地优势。

经过持续严打、追逃和扎实的基础建设，从 1998 年下半年开始，河西铁路反盗窃斗争进入了划时代的新时期，铁路沿线的特大盗窃案，几乎降至零点，为安全运输生产创造了良好的治安环境，武铁公安处多年来探索的“打击、防范、管理、建设”并举综合机制发挥了应有的作用，走出了打撬盗屡打屡现的怪圈。他们认为，要更好地发挥其机制的作用，达到“防得住、能发现、查得明、打得准、效果好”的目标，就必须不断深化改革，不断探索加强公安工作的新路子，以此来实现铁路治安的根本好转。

武铁公安，任重道远！

迷 踪

谜起货赔

1997年元月3日，新年的钟声刚刚敲响，武威铁路公安处接到上级公安机关通报：一车皮贡梨、一车皮棉花在运输途中不翼而飞，货主上门索赔。事出跷蹊，该处立即邀请有关单位和人员进行座谈，了解案情和货物运输情况。

1996年10月16日，由乌鲁木齐铁路局库尔勒车站发往广州局广州西站的两车皮贡梨，10月21日下午5时许经张掖站到达武威南站，当晚11时许编入1314次货物列车。之后，不知何故一车贡梨货票变更为：发站为嘉峪关站，到站为哈尔滨站。现代南辕北辙的故事就此莫名其妙地发生了。10月29日，由乌鲁木齐铁路局吐鲁番站发往济南铁路局夏邑站的5车皮棉花，31日晨7时许到达武威南站，解体后下午进行编组，其中一车棉花编入1758次货物列车，而货票不知何故又变更为发站北疆公司三坪站，收货单位为云南省德宏州边贸土特产公司。又一个南辕北辙的故事。

迷迹难寻

故事的演绎顺着货票展开。

经查，贡梨货票是张旧票。同年5月16日，嘉峪关发往常州站的农机配件已使用过该票。棉花的货票明显也是伪造票，发站三坪站根本就无此底票，也没有办过这项业务。

显然，这是两起伪造、偷换货票、变更到站和收货人，以盗窃铁路运输物资为目的的特大案件，直接经济损失分别达26万元、96万元。看样子，此人有作案经验，具有相当的铁路货运专业知识，铁路内部职工作案或内外勾结的可能性很大。

为便于侦查，武威铁路公安处成立了“97·1号专案组”，对两案并案侦查，调查工作在紧锣密鼓中进行。

3个多月过去，专案民警做了大量工作，核实了贡梨的真实发货单位是库尔勒公安段保安公司，收货单位是广州永盛果品有限实业公司。棉花的真实发货单位是吐鲁番市大河沿棉麻站，收货单位是河南省商丘地区棉麻公司夏邑县转运站。而货物分别被人用假证件、假身份证和假提货凭证提走，去向不明。

一解谜题

“重新确定侦查方向，把工作重点放在哈尔滨、昆明，以物找人，以人查线，充实专案力量，专人负责，专人承包，不破此案，绝不收兵。”经过几个不眠之夜的思索，专案组领导果断地提出了新的侦查方案。于是武威铁路公安处的专案兵马分成两路，开始南征昆明，北上哈尔滨。

功夫不负有心人。在哈尔滨铁路公安处和地方公安机关的大力配合下，几经周折，3 月 17 日专案民警把几易住址的提货人张某查获。张某是个体户，他交代了贡梨是张掖铁路地区某单位斯某发的货，斯某托他出面到哈尔滨站货场提货，并将货物以 6. 4 万元的价格全部转卖给了哈尔滨奋斗路副食品商场。

专案哈尔滨组民警顾不得奔波的劳累，立即千里回师。一个回马枪杀到张掖，3 月 25 日将嫌疑人牛某与王某抓获。搜查牛某住宅时查获贡梨空纸箱 2 个，铁路空白货票 6 张。在铁的事实和强大的审讯攻势下，他们交代了作案经过——由于贡梨是新疆特产，产量较小而市场广阔，贡梨生意有利可图，故而在当年 6 月中旬，他们就预谋盗窃贡梨车。10 月 20 日，身为铁路职工的王某得知，当晚到达某车站的 1624 次货物列车编挂有两节贡梨车，立即与斯某接头。斯某把假货票交给王某，王某利用工作之便，偷梁换柱。数日后，斯某赶到哈尔滨销赃。

二闯迷宫

专案昆明组民警从牛街庄车站开始敲击迷宫之门。在调查该站职工时得知：1996年11月19日棉花到达，下午即有3人带领数辆金马字样的“东风”牌汽车自称货主前来提货，持有“云南省德宏州边贸土特产公司”的铁路领货凭证和介绍信。其中一人自称杨兴洪，在货票上留下了签字和身份证号。

专案组民警判定能够一次大批量地吃进棉花并支付巨额现金的只有大型的棉纺企业。他们首先以金马镇为中心辐射四周，检查了上百家仓库和近千辆带有“金马”字样的东风牌五吨加长汽车，然后从棉花的使用单位查起。

4月24日下午，走访昆明纺织厂时得知：去年11月21日，有两个自称“昆明市吉昌联贸公司”的业务员来厂销售棉花，双方协商后签订协议书一份，主签的刘宝国还留下了机主陈发新的传呼机号码。21日下午，昆明纺织厂的汽车从昆明租赁公司仓储分公司存贮仓库将棉花拉回厂，并分别于22日和26日，以转账支票的形式分付了两笔棉花款84万多元。杨某某出具了一张云南省增值税专用发票（票号：NO. 1838888）。专案民警根据发票找遍整个德宏州都没有抬头上的单位。最终查明，发票系两年前宣布作废的发票，但从昆明市工商银行某分理处了解到该账号的开户人和取款人是该行职员张某。专案民警把事情真相给张某简略地叙述了一下，张某大呼上当。他说该账号是赵某和廖某托他设置的。

5月6日，化装后的专案民警在昆明电信部门的配合下，利用传呼台呼叫赵、廖两人，并在工商行某分理处设下埋伏，将闻讯前来洽谈生意的赵某抓获，但廖某迟迟没有露面。

5 月的春城虽然春色诱人，但他们没去游玩，埋伏处的蚊蝇频频向半饥不饱的民警发起攻击，直到吸饱这群西北汉子的血液后才扬长飞去，但更多的蚊蝇继而飞来。时间一天天考验着他们焦急的耐心，埋伏了整整 10 天的民警，终于在廖某接到第 31 个传呼后，才满腹狐疑地出现在目标部位，专案民警立即将其擒获。经审讯，赵某和廖某交代了赵某假名刘宝国，廖某假名陈发新，杨兴洪是杨某的假名，住在百里之外的云南省建水县某地。民警骏马奋蹄，百里赴会，在开远公安处的配合下，将杨某抓获。

昆明的捷报频频传至大本营武威南。法律之剑挥舞不止，专案民警根据昆明传来的信息，在武威将另一嫌疑人尚某抓获。经过 3 天 3 夜的斗智斗谋，尚某沮丧地交代了事情的来龙去脉——

去年 7 月至 9 月间，尚某到云南开远市做生意结识了杨某，即预谋盗棉，相互留下了通信地址，一起蓄意谋划的罪案开始行动。10 月 31 日，价值近百万元的棉花车在几双肮脏之手的摆布下离开了正轨。

发生在居民小区的离奇案

花季少年误入歧途，组成盗窃团伙；妙龄女郎四处行骗，屡屡得逞；流浪儿童浪迹天涯，变成江洋大盗……发生在武威南居民小区的一件件意想不到的离奇事，耐人寻味，发人深省，给人们敲响了警钟。

中学生盗窃成贼　宋师傅彩电注水

2月1日，农历正月十一。华灯初上的武威南沉浸在美丽的夜色中。突然，一声“抓贼啊——”的呼声打破夜晚的宁静，昏黄的路灯下，几个黑影慌慌张张地逃离花明村住宅小区。远处传来武铁公安“110”紧急出警的警报，民警立即按失主提供的方向封锁了小区的三个出口，并分开向小区深处搜索。半个小时过去了，没有发现线索。在失主家里，民警们发现门窗等能够出入的地方完好无损，挂放在客厅的衣服与其中的1000元现金却不翼而飞……

古凉州依然沉浸在华灯辉映、爆竹声声的新春佳节气氛中。2月3日晨，武威南某单位职工宋师傅下班回家，打开门，他惊呆了：客厅地上有水，柜子被撬，里面的2000元现金和贵重物品被洗劫一空，连鞋子里的数千元现金也不见了，可恶的盗贼还给他刚买不久的大彩电里注了水。宋师傅气得差点儿背过气去，他急忙敲开左邻右舍的房门……

正月十四日晚，武铁文化宫人头攒动，广场上人山人海，万盏华灯流光溢彩，家家户户的红灯笼透出欢庆吉祥的气氛。23时，某段职工陈师傅携妻欢欢喜喜地观灯回家，准备睡觉时发现衣柜门大开着，他随手关好门，自言自语道：我特意关的柜子怎么开着门？妻嫣然一笑：该不是飞天大盗惠顾寒舍！陈师傅的心猛地一紧，急忙打开柜门在衣服中摸索，糟糕，口袋里的3000元现金没了。

连续发生盗窃案，小区居民义愤填膺。武铁公安处作出了“不等不靠、打破管辖、采取措施、尽快破案、护卫安宁”的决定，居民小区多了几双警惕的眼睛，很快，“飞天大盗”的基本情况浮出了水面。这都是些16岁左右的中学生，他们利用敲诈、抢劫、利诱手段和同学间的关系，专门骗取中小学生家门钥匙，归还后摸清其家庭住址，之后通过事先踩点、搞清其家人出入规律，趁上班或外出无人之机，望风、行窃各有分工。有一次，他们还将同学中的“仇人”拉到臭水坑边殴打，抢走其身上的现金，扣押了钥匙和传呼，还威胁其不准报警，之后在正月十四日花灯会上，用自己配制的钥匙，进入其家，将现金洗劫一空。

小小年纪，如此目无法纪，使铁警们始料不及。经过一周的调查摸底和取证蹲守，终于掌握了这个由5名未成年人组成的盗窃团伙的情况，5名小“罪人”束手就擒。面对5个小贼夸夸其谈的模样，民警们的心里沉甸甸的。

妙龄女吸毒行骗　王老太折财伤神

“领导慰问”是时下各级领导干部实践“三个代表”、关心职工群众生活的主要方式。没想到，骗子也学会了这一招，借“领导慰问”骗取老年人的钱财。武南镇恢复安静还不到5个月，一名妙龄女郎又上演了一出好戏……

刘某本有一个和和美美的家庭，结婚不久还添了一个可爱的女儿，生活美满，让人羡慕。但在一次与过去认识的几个瘾君子聚会时染上了毒品，从此，好端端的家庭毁了。丈夫带着女儿弃她而去。她仗着自己有几分姿色又嫁了别人，半年工夫不到，一个小康之家被她折腾得空空如也，所有的生活希望和家当物品都随着一缕轻烟飘然而去。因没钱吸毒，她开始了骗钱吸毒的生涯。她将目光投向武威南镇。她发现，这里的居民要比凉州城的居民有钱，特别是有一批无所事事的老头、老太太，经常受到领导的慰问，于是她心生一计……

4月18日9时许，王大妈到武铁公安“110”报案，说自己的1000元钱被一个冒充分局领导慰问的小女子骗走。原来，当晚8点钟左右，她正和老伴儿在家看电视，一个瘦削的女子敲开家门，并一声声“王大爷”叫得分外亲热，好像很熟悉似的。她对王大妈说：“我是武威铁路分局机关干部，一会儿分局领导要来慰问，要发慰问金。领导很快就要来了，我和王大爷出门去迎接领导，王大妈您在家等着，我的包就放你桌上啊。”到了门外并没有来什么领导，她打了个电话后，对王大爷说：

"您在这等着，我进屋取一下包。"她进门对老太太说："领导的车坏了，还没吃饭，总不能让领导饿着肚子送温暖，还让他们自己破费吧？也不可能把给你们的慰问金来付饭钱吧。起码是我这个工作人员先垫付回去再报销，可我带的钱又不够，大妈你就算是帮我个忙，先借我点儿钱，一会儿领导来了我立即还你。"老太太一听领导为慰问自己连饭也没顾上吃，很是感动，信以为真，当即借给她 1000 元现金，还说："好闺女，我们也不缺俩钱，再普通的老百姓也总得给领导吃顿饭吧。"临走时，她还让老太太耐心地等着，说与王大爷陪同领导吃完饭就回来。她出去后又告诉王大爷："您先回家等着，我先过去把领导接回来。"老两口把屋子收拾了一下，又足足等了半个多小时还没见人，心想是不是被骗了，打电话问了一下分局，分局说根本没这事。武铁公安"110"民警赶到现场后哪还有人影，老头、老太太呼天喊地、相互埋怨。

经调查发现仅 7 月份就发生这类案件 6 起，且均以 70 岁左右的老人为诈骗对象，大家反映作案女子年龄 22 岁左右，相貌基本相同，嫌疑人刘某进入民警的视线。4 月 26 日晚，刘某在武南百花园小区再次实施诈骗时，被武铁"110"民警当场抓获。她承认了在武威、武南共诈骗作案 21 次，骗得现金 6600 余元的犯罪事实。善良的人们，应提高警惕，千万不要再给骗子以可乘之机。

江洋盗入室行窃　流浪儿难倒警察

5 月 28 日下午，某单位职工马某下班回家后，电视里看过的强盗洗劫场面在他面前展现：家里所有的地方都被翻动过，被褥被撕烂了，衣服、书籍扔满一地，抽屉和柜子被撬被砸，录像机没了，DVD 没了，玉镯子没了，金戒指、金项链没了，3000块钱没了，连他异常珍爱的一枚劳模银质奖章也没了。盗贼打碎了他家的玻璃，从阳台防盗栏杆空隙中钻进了家里，得逞后从大门堂而皇之地走了。接警后，武铁公安民警悄悄地行动了。

5月31日16时40分，1043次旅客列车驶进武威南站。正在站台巡视的武威南公安所值勤民警注意到3名携带重物的未成年人形迹可疑：他们手持武南到金昌的客车票，携带的物品与年龄很不相称，接受盘查时惊慌失措、语无伦次，对所带物品说法不一。3个小人物原来正是这几天被传得沸沸扬扬的“江洋大盗”。

他们最大的15岁，最小的仅13岁，家都在外地，以四处流浪为生。5月27日，他们扒货车来到武南镇。他们发现铁路职工上班匆匆忙忙，出门一带门就走了，一楼的防盗条中间的间隙可容他们的小脑袋钻出钻进；六楼凉台窗户都大开着，他们试着顺“天梯”爬上楼顶也没人管。从5月28日起连续3天，他们开始了行动。5月29日，他们从一家一楼凉台往里钻时过来几个人大声叫喊：“调皮鬼，翻什么翻？”他们只说了一句“钥匙忘家了”就混过去了。进去翻出票子出门溜走了。5月30日，他们从楼顶吊进六楼一家中，偷走了2000元现金，失主一直未曾发觉。当民警问及他们在别处作案的情况时，他们毫不在乎地说：东到西安、西到乌鲁木齐前后有30次吧，打三枪换一个地方，在兰州市就盗窃了12家，偷了1万多元钱和一些值钱的东西，之后就去游山玩水、海吃猛喝，没钱了则就地取材，以盗养玩。

民警们被深深地震撼了，从这三个稚嫩的脸上和还未长大的身材上，怎么也不会将他们与惯盗联系在一起。他们有钱时挥金如土，出入豪华酒店，无钱时露宿街头，入室行窃，危害社会。从根本上制止青少年犯罪，需要家庭、学校、社会的共同努力，犯罪的低龄化为我们敲响了警钟。

窃贼梦断焉支山下

午夜警报

焉支山，祁连山河西走廊中部分脉，古老山丹草原的天然屏障，西部古长城绵延万里的钢铁龙尾。西北的几场秋雨过后，草原分外绿人，戈壁新城如初沐的西北汉子，刚强中不乏温柔。当夕阳坠入大地的胸膛，壮美的土地上一条钢铁动脉，载着和谐和希望东来西往，中间驻足于这个古匈奴视为生命之源的土地。

时钟指向9月3日3时33分，夕发朝至的兰州到嘉峪关的K851次列车驶入山丹车站，旅客们匆匆忙忙地上车下车，一切显得那么平静、和谐。夜色浓重时刻，一对贼影悄然蹿上列车。忽然，夜空中一个女声打破平静——“抓贼啊，有人偷包了”。随着车站的绿灯信号开放，乘警闻讯而至。案情传到武威铁路公安处指挥中心：K851次旅客列车5号车厢运行左侧的7号、16号下铺两名旅客的手提包被盗，包内的数码相机1部、手机2部、现金1500元、代金券1000元等物品被盗。

铁警出击

武威铁路公安处接到报警，立即调集山丹、张掖铁路公安民警，兵分四路开展调查布控，处长亲自带领副处长、刑警支队长、6名侦查员，驱车从武威市武威南镇赶赴200里以外的山丹车站。90分钟内，警灯划过山丹长城，一个又一个指令和情况从移动指挥中枢集散。5点整，调集的增援队伍，已在山丹站附近和山丹县城宾馆、饭店、招待所布下天罗地网，无声之战拉开序幕。

6时许，山丹铁路派出所民警田文龙、杨军贞、唐高强、王维祖调查山丹县汽车站周边旅店时，发现焉支宾馆住宿的两名河南籍男子当晚外出、于凌晨4时许回到宾馆。线索立即传输到移动指挥中枢，正在外围布控的警力分头带领四支力量，在焉支宾馆周围设下天罗地网。当突破组民警冲进可疑人房间时，一人反身扑向窗户，妄图困兽犹斗，破窗逃跑；一人正在厕所毁灭证据，妄图负隅顽抗，夺路逃窜，均被抓捕民警当场制伏。经搜查，两人携带有手机4部、照相机2部、银行卡2张、戒指1枚、耳环1副、MP3和MP4各1部以及项链、手链、手镯，还有部分现金，与K851次旅客列车被盗物品部分符合，确定重大嫌疑，带回山丹铁路派出所审查。7点钟，东方破晓，闪烁的警灯迎来了第一缕朝阳，新的战斗正在等待着战士。

斗智斗勇

初步的较量黎明开始。审讯组与取证组双管齐下，明里暗里展开了斗智斗勇，但是嫌疑人的回答除了“不知道、不明白”以外，就是沉默对抗。乘警的证据到了、旅客的相片到了，与两人所持相机中的一模一样，但回答还是“不知道”。常处长厉声质问：“难道你们连自己叫什么也不知道?”

时针指向9点，实在扛不住凌厉攻势的盗贼终于松了口：一名自称刘永，30岁，另一名自称张大龙，24岁，都是河南省开封市通许县孙营乡新庄村人。常处长当即决定：立即拘留并押解到武威南再审。

捷报传到兰铁公安局，局长当即派刑侦处处长赶赴武威南深挖扩大战果。

第二轮战斗实际在回程中就已经开始，通过综合各方意见分析，决定先难后易，逆向攻击——先从年龄大的刘永开始，从其家庭状况着手，找出其“软肋”，逐步攻破其心理防线，拿到刘永的口供后迫使张大龙交代印证。

民警们在车上与嫌疑人一边啃着面包一边聊天，但二人声称他们都是孤身，家里没什么人。真正是不见棺材不落泪。

凉州的秋天已使人们穿起秋衣，但参战民警却热情似火。他们从仅有的口供查起，终于从河南开封市的户籍网上，找到了与其供述地址的上百个“刘永”“张大龙”，但没有一个是他们。“扩大查找范围，分别从二人同县的刘姓和张姓人家和相同的出生日期查起。”正确的方向破开了冰面，二人的身份浮出——什么都相同，就是名字不同，他们也上有老下有小。

这下该盗贼们急了，看到民警进来出去，相互交头接耳，理都不理他们，但看得出民警们胜利在望。他们开始无话找话，民警们轻轻地笑，仿佛在说：会告诉你的。

河南警方传来消息：二人分别在河北铁路、河南地方盗窃旅客财物、居民摩托车被判刑，分别于2004年9月、2007年3月刑满释放，特别是刘某的老母亲，还满怀希望等待儿子从新疆打工挣钱回家。

土崩瓦解

民警们满怀信心地坐在桌前，刑警秦继荣并没有问案，却和刘某拉起了家常，刘某的大脑一片空白。当老秦说起刘某的母亲正在等他回家的事儿时，刘某这个“顽石”早已泪流满面、泣不成声：我对不起我的母亲！

刘某通过自己的经验，明白警方已掌握了他的底细，只不过要由他说出来罢了。他供述了自己和张某的真实姓名，交代了他们二人从河南出发，一路向西，从8月27日至9月3日，多次换乘汽车、借助夜幕从无人处翻入车站、潜伏观察车站职工作息规律、客车进站后乘乱混上列车、盗窃得手后立即下车、沿铁路逃出站场、洗劫值钱物品、丢弃无用东西、在异地低价卖出，从4趟列车上窃得价值数万元的旅客财物，准备“打通”陇海、兰新铁路，“挣足钱”后回家的罪恶勾当。

交代完罪行后，刘某如释重负，他叹息道：“想不到一路次次得手，最终栽在了焉支山下武威铁路公安处的手中。”另一名盗贼张某看到“大哥”垂头丧气的样子，只好乖乖地交代了罪行。从发案到破案、深挖，整整16个小时的连续作战，当最终结果出来后，古凉州已进入万家灯火……

尾声

9月5日下午，铁道部公安局签发表扬通报，对兰州铁路公安局、武威铁路公安处、担当各次旅客列车乘警工作的各乘警支（大）队通令表扬——“这是实行列车警情就近报告制度以来，破获的最典型的系列旅财被盗案。成功之处在于各个环节都抓住了战机。特别是兰铁公安局和武威公安处领导作风扎实，亲自研判警情，亲自指挥部署，亲自上案工作，干净利落地破获多起旅财被盗案件，及时打击了犯罪分子的嚣张气焰，有力维护了旅客列车的治安稳定。”

响亮的汽笛宣告着胜利的消息！

千里大追捕

迷醉咖啡

兰州市七里河区个体户赵某在金昌市做生意，为来去方便，就近住在距火车站最近的某小旅社。

1998 年 1 月 7 日下午 1 时，同房住进了一位年纪 20 岁左右、身穿迷彩服、操四川口音的小伙子，见赵某不愿理他，就主动上前热情搭话，当他出示自己的士兵证表明自己的身份后，赵某消除了戒心。他们侃天说地、大吹特吹，并相互交换了通信地址，俨然一副他乡遇故知的样子。他们很热乎地相互让吃让喝，小伙子很麻利地冲了两杯咖啡，再三请赵某品尝。盛情难却，赵某很勉强地喝了。然而，就是这杯“军人身份+咖啡+安定”的热心，使赵某昏睡了过去。4小时后，赵某被服务员唤醒，他才发现自己携带的3000多元现金和一部摩托罗拉移动电话不翼而飞。赵某忙问同房的“王伟”去哪了，服务员说走了4个小时了。赵某顿时醒悟，自己是被骗昏睡后又遭劫了，那杯咖啡肯定有问题。

他立即向金昌车站公安派出所报案，经过对咖啡杯里的残液化验，确定这是一起典型的麻醉抢劫案。

巴中寻踪

信息传至武威铁路公安处，处领导听取案情汇报后，决定成立由主管刑侦的副处长挂帅、刑侦队和金昌车站公安派出所10名民警组成的“1·7”麻醉抢劫专案组，并立即开展工作。

根据赵某提供的手机号码，专案组通知兰州市邮电局控制了该机的电信，并在金昌、河西堡、永昌等重要路口进行堵截，查找身穿迷彩服且操四川口音的年轻人。1月10日，专案组根据犯罪分子住宿登记使用的士兵证和使用名“王伟”，查到甘肃省武山某部队。原来王伟是该部队1997年11月已复员的军人，家住四川省巴中市江北火电厂。专案民警不远千里赶到巴中市，他们查明：王伟并不是作案人，但他有一个名叫岳春的表弟，住该市江北办事处。岳春于1997年3月复员，6月就因抢劫摩托车被巴中市人民法院判处有期徒刑7年，12月从服刑的巴中市看守所脱逃，并潜入王伟家中，躲藏不成，偷走了他的士兵证和一套迷彩服后下落不明。

专案民警到巴中市公安局查证核实后，获取了岳春的照片和其他资料，特别是其左臂上有一利箭穿心和英文“LOVE”的标志。迹象表明，岳春有重大作案嫌疑。他们一边部署协查，一边在巴中市公安局的协助下，在该市布控，预备在春节期间抓捕岳春。

邯郸较量

1998 年 1 月 17 日，专案组接河北邯郸市公安局站前公安分局电话协查通报：他们在该市抓获一名自称为“王某”的麻醉抢劫犯罪嫌疑人，他交代了在嘉峪关火车站用麻醉手段作过案。专案民警调查获知，嘉峪关火车站甚至市内从未发生过这类案件。于是，正在巴中市布控和正在西北追踪的专案民警千里赴会，北上邯郸，带着证据去审讯。

但是，犯罪嫌疑人“王某”拒不交代自己的真实姓名，并一再坚持手机是在嘉峪关市偷的，妄图掩盖自己冒充军人麻醉抢劫的真相和服刑脱逃的事实。专案民警不动声色，拿出巴中获取的一系列表明他就是岳春的证据，并查看了他的左臂图案。专案民警将他带离邯郸市公安局后，他才承认他就是岳春。

原来，岳春从巴中市看守所脱逃后，盗窃其表兄王伟的士兵证和迷彩服，次日坐长途汽车到广元火车站，在附近的私人小旅社熬了两天后，混进车站，混上了成都—乌鲁木齐的列车向西逃窜。到乌鲁木齐市后，躲藏数日，买了盒咖啡和安定片后，将其混在一起，之后在吐鲁番、金昌、宝鸡、洛阳等地，用相同的手段药倒旅客，抢走现金总计 4000 余元及手机、皮夹克、手表、身份证等物品，当他于 1 月 17 日在邯郸复兴大厦作案时，受害人发现疑点，及时报案才被抓获。

岳春懊恼地讲述：4 次作案在小旅社，虽然得手但没有钓到大鱼。感到骗人太容易了，没想到还会被人发现。发现后想再熬一阵子，骗过公安机关，查无实据也就没事了，谁想碰见了硬对手，没有动他一根毫毛就把他的伪装剥落了。

铁路警方也提醒旅客，出门在外，对陌生人还得有所防备，尤其是那些热情过度者，不应麻痹或轻信。

百里大堵截

午夜盗警

列车高亢的汽笛和明亮的灯光划破寂夜，给旷广的戈壁草原一线流动的生机。1997 年 12 月 6 日凌晨零时 50 分，2508 次列车跨过古城金张掖，掠过星星似的小站，运行至兰新线 424 公里处时，中部的 3 辆车门猛然被打开，接着，一包包棉花滚落于路基旁。呼啸的列车通过戈壁小站小青阳时，好像什么事都没发生过，一路的绿灯报告着畅通和平安。

凌晨 2 时，508 次旅客列车通过 424 公里处时，司机发现路基下散落的棉花包，而且正有一辆八吨康明斯大货车正在装货，立即向尖山车站报告。尖山车站向山丹车站公安派出所报警。

警报就是命令。山丹车站公安派出所一边向武威铁路公安处指挥中心报告情况，一边通报守候在尖山附近的民警火速奔赴现场。远远地发现一辆大货车装有棉花，停在旁边的土路上，他们立即兵分两路进行堵截。大货车上的盗贼发现来人不多，还没有汽车，立即驱动汽车强行通过，夺路向国道312线（兰新公路）逃窜，汽车的钢板和轮胎把子弹反弹出去。戈壁的上空只听枪声大作、汽车轰鸣，民警们恨恨地看着那辆蓝色康明斯大货车扬长而去。

追捕劫贼

信息再次传至指挥中心，指挥中心立即命令金昌、武威、武南车站公安派出所、刑警支队火速行动，分段在312国道堵截，武南车站公安派出所清站查车，寻找被盗列车。5时20分，一辆康明斯大货车逼近永昌县城路口，金昌车站公安派出所立即进行拦截。该车又一次强行闯卡，继续向东逃窜，民警们随即驱车追赶。公路上，警报声声，警灯烁烁，大货车一看平路相追，无处可逃，慌乱中驶向永昌县东寨乡的一条土路，路面坎坷，尘土飞扬，吉普车望尘莫及，康明斯大货车再次逃脱。

武威铁路公安处领导一边指示有关所队据情行动，一边成立“12·6”特大货盗案专案组，分头开展工作。冰冷的夜幕降临了，纷纷扬扬的大雪不期而至，守卡民警顶风冒雪坚守岗位。一个不眠之夜过去了，有迹象表明，康明斯大货车未出我控制区。12月7日15时许，刑警队队长带领侦查员，在武威市查获转运棉花的康明斯大货车，抓获车主刘某父子。他们交代了12月5日接受一个陕西人李某的雇用，盗运棉花、被迫连闯关卡的事实，12月6日到武威后坚决再不为其运送赃物棉花，李某只好于12月7日中午，在武威又雇用一辆东风大货倒装棉花后运走。专案组立即发出全线加强堵截的指令，并重点部署打柴沟、黄羊镇、谭家井车站公安派出所堵截。7日17时许，谭家井车站公安派出所在武威至景泰的公路上将运赃的棉花车及犯罪嫌疑人雇用的夏利出租车截获，缴获被盗棉花75包，价值15万余元。

歼灭穷寇

专案民警组成抓捕小组，由刑侦队队长带领4名侦查员赶赴陕西省宝鸡市。根据线索，利用犯罪分子的贪婪心理，设下法网，成功地诱捕了“12·6”大案首犯李某。经过20多小时的缜密侦查，12月12日10时许，又在武威市抓获另两名犯罪嫌疑人。经审查：1997年10月，这伙犯罪分子先后两次在尖山一小青阳站区间掀盗棉花，赃物销往陕西礼泉县。12月17日，专案民警又追回棉花47包，另63包已经变卖。至此，一个系列盗棉案基本侦破，追回棉花122包，价值24.4万元，抓获犯罪嫌疑人5名。

冬日的西北高原银装素裹，呈现出一派祥和宁静的美好气氛，我们的铁警以自己的奉献，维护了这片土地的安宁，抒写了一篇无往不胜的战歌。

河西紧急大缉盗

无声之盗

高台县，中国工农红军西路军战士鲜血染红的土地，如今，横贯西北的大动脉兰新铁路从县城边缘穿过，如绿色防护林一样，为塞上小城增添了一道亮丽的风景。

1998 年 4 月 9 日凌晨 1 时许，2610 次货物列车驰过高台。突然，列车中部的一车门被打开，黑夜深处有一束光时隐时现地照在疾驶的列车上，接着一包包棉花无声地滚落于路基旁，一帮藏在黑暗中的盗贼一哄而上，将棉包装上停在路边的小四轮拖拉机，扬长而去。高亢的汽笛奔向前方，一路的绿灯报告着畅通和平安，似乎什么事都没发生过。

3时，列车停靠张掖车站，接班的运转车长发现10位棚车有被盗迹象，要求甩车清点。6时35分，警报通过武威铁路分局调度所传至武威铁路公安处指挥室，指挥室立即向该处刑警支队通报棉车盗警，一场塞上紧急大缉盗的战斗无声拉开。

查堵惊蛇

武威铁路公安处召开紧急会议，根据近期辖区掀盗犯罪的新动向，决定在兰新铁路武威南至清水站区间和312国道上，进行一场大规模的查缉盗贼歼灭战。刑警支队抽调20名侦查员整装待发，新的一天匆匆开始，4个小分队领命而去。

刑警支队队长驱车直赴张掖，从张掖开始，一路向西调查，寻找案件的突破口。在张掖至清水区间，他们以高台县城为中心展开清查，特别是对大小宾馆、旅社加强搜查，意在敲山震虎、引蛇出洞。分队长率两支力量分别在312国道的主要路口设卡堵截，对张掖以东、武威南以西的山丹、金昌、武威的运货集贸市场和车辆进行控制。

高台方面的查缉越来越严，窝主万某感到山雨欲来，必须尽快把这批棉花运到陕西去，一走了事。4月10日凌晨，高台县明水河乡明水河村的人们还在梦乡之中，而万家大院却忙碌异常，3辆满载皮棉的大卡车悄然驶向国道312线。上午，3辆汽车驶向武威市四十里铺公路收费卡，执行查车堵截任务的民警示意货车靠边进行检查。前面的两辆停在了路边，当侦查员走向车辆的时候，第三辆大卡车突然加速冲卡，疯狂东窜。侦查员一面派车追赶，一面通过电话通知大本营武威南和前方的六坝收费卡口堵截，并对另两辆车进行检查。司机和货主对汽车上棉花的来源闪烁其词，因没有货运证明和许可证被扣留。

东窜的东风大卡车以120公里的速度窜逃，将警车远远甩在了后面。这时，六坝公路收费点远远在望，窜匪惊魂未定，心又发虚，等看清收费点无特别动静时，才减速向前驶去，50米、30米、20米，猛然，亭后冲出4个手持冲锋枪的公安民警，东风大卡车哀叹一声，泄气般地停在了收费口。

第一次较量，截获装载棉花140余包的汽车3辆，抓获犯罪嫌疑人8名。

神兵天降

第二次较量在大本营武威南展开。西北仲春正下着毛毛细雨，侦查员们马不停蹄，连夜进行审讯，在强大的攻势面前，犯罪嫌疑人朱某、李某、万某交代了他们与另外17人相互勾结，交叉结伙，在1997年9月至1998年4月采取途中掀货、车下接应、集中窝赃、统一销赃，并在作案时掩盖痕迹，以逃避打击，来去不定、长途奔袭、多次盗卖铁路棉花的犯罪事实。刑警支队立即调整主攻方向，兵分三路连夜赶赴陇西、定西、高台三地追捕余寇。

正是平和而安宁的静夜，刚赶回家蒙头大睡的盗贼，哪料到神兵天降，12名犯罪嫌疑人束手就擒。一个由20名犯罪嫌疑人组成的特大团伙宣告彻底破灭，所有犯罪参与者悉数落网，追缴棉花140余包，为国家挽回经济损失28万余元。当凯旋的勇士们赶回大本营时，正值万家灯火，他们知道，新的战斗又要到来了，而这春天，正是胜利的开始。

梦断肃州

——“11·4”特大诈骗保险金案件侦破记

千里警报

初冬的太阳照在古肃州酒泉的原野上，塞上各城呈现出一派苍茫的风光。1998 年 11 月 4 日中午，酒泉车站公安派出所接到酒泉火车站报案：10 月 9 日从酒泉发往山西太原的 60 吨中药材红花全部被盗，价值达 8 万元。为此，“提货人”已在太原市提出赔偿 8 万元保险金的要求。

鉴于案情重大，武威铁路公安处刑警支队立即组织警力赶赴现场，一场攻坚战无声拉开。

外围突破

根据太原来电：装有红花的集装箱11月1日到站后，箱体、铅封、门锁完好，没有被盗迹象，但箱中却空无一物。这就奇怪了，难道红花会长翅膀飞了？

红花，亦称杜红花，产于青藏高寒地带，又称藏红花，在医学上具有较高的药用价值。《本草纲目》上说：其性温，味苦辛，具有活血去瘀，调温的功能，主治血滞经闭、痛经、产后腹痛、跌打损伤等症。若本案真是盗窃红花案，那必然是奔着其药用价值而来。按照铁路货运的规定：货物进出货场都应有验证及检查登记，但是，酒泉货场的10月7日至9日的登记本上没有药材“红花”进出货场的登记，验货情况均为空白，而发货人、收货人及投保人王某在缴纳运费和保险金的合同底卡上都有验货属实的字样。而且，根据有关群众提供的线索，那天发货并办理一系列手续的货主根本就不是王某。难道这是一起诈骗案？

专案民警立即驱车直奔甘肃省酒泉市金塔县某镇，找到了这个货主王某。王某述说他最近并未发过货，倒是1998年10月，有个叫李某的朋友借走了他的身份证，说是他的身份证丢了，外出很不方便。为了证实他说的是实话，他向办案民警提供了李某的情况：李某约30岁，1997年从酒泉财政学校毕业后没有找到工作，曾去甘肃天水市做过生意，1998年9月从天水发回一批花椒在酒泉贩卖。专案民警紧追不放，又赶到李某家中，不巧，李某外出，只有李某的胞兄在家。经依法传唤，李某的胞兄不承认在酒泉站发过货。在货运工作人员的指认下，他仍振振有词地说：“身份证不是我借的，货也不是我发的，谁发的货就找谁查去。我根本就没有到过酒泉货场。”在货运和保险部门的配合下，办案民警找到了那天运送红花的汽车司机、装卸工人和所谓的红花。李某的胞兄在铁的事实和证据面前终于低头认罪。

真相大白

原来，李某兄弟俩在酒泉贩卖花椒时，打出了收购红花药材的幌子，并从酒泉地区植物检疫站办理了红花检疫证。之后找了30袋洋葱皮冒充红花，雇用汽车运到酒泉货场，之后在进场、检验、装车，一道道关口出乎意料地顺利通过。他们请求货运员施封时，不负责任的货运员将锁封扔给了李某兄弟俩，让他们自己施封。李某兄弟俩一阵狂喜，不动声色地走到集装箱前，对装卸工和汽车司机说：“货不运了，拉回去。”他们共同将集装箱内的洋葱皮倒装在汽车上，汽车没有受到检查和盘问，又开出了货场。李某兄弟俩将任何东西都没装的空集装箱封锁挂好，而后到货运室说：“干完了，货可以走了，我还得办保险，能否将运费手续办得清楚些?”货运员答应后把运费收据递给李某兄弟，并建议他们办理铁路保价运输。李某说：“我们信不过铁路的保价运输，还是在保险公司办理运输保险好。”于是货运员又把他们介绍给了酒泉市保险公司酒泉货场代办处，投保货物价值8万元。末了，李某卖关子地说：“货在铁路走，保证丢不了，纯粹白给保险公司送钱。”办理保险的职工说：“谢谢你们对保险业的支持。”

李某兄弟俩离开酒泉货场后，将洋葱皮倾倒在酒泉货场大门300米外的一处比较隐蔽的土坑里后，扬长而去，做他们的“骗保”发财梦去了。梦醒时分，几乎到嘴的鸭子却飞了，等待他们的将是法律的铁网。

案后沉思

一个毕业于某市财校之后在外做生意的25岁青年，以洋葱皮冒充中药材红花，在某货场办理了集装箱运输，并以8万元的价值在设于该货场的某保险公司代办处办理了运输保险。货运员在货物检验、监装、施封时都未参加，全交由货主办理，为该货主提供了作案的方便，该货主将装入集装箱的红花（实质上是洋葱皮）又倒装入汽车，运出货场后倾倒于货场300米外的一个较隐蔽的土坑里。货场工作人员丝毫没有觉察，致使空集装箱发往千里之外后，这位货主又前去“提货”，并向保险公司索赔保险金8万元，演出了一幕发空集装箱、骗保险金的诈骗丑剧。

铁路警方向铁路工作人员和保险公司职员提出忠告：严格按上级有关规定办理运输和保险业务，严格落实工作责任制，严格货场出、入管理和货物质量、数量的检查检验，严格投保物资的验证和验资，严格执行货运人员监督装车和查对施封制度，防止被一些不法之徒钻了空子。铁路部门在开拓市场、加强运输服务的同时，不应忘记自己的工作规程，一味地讨好顾客，对一些妄图钻空子的不法之徒，应坚决予以抵制或打击。

在侦查案件的同时，我们发现某些植物检疫部门，在根本没有货物的情况下，出具“植物检疫合格证”，使不法之徒得以拿此证作幌子，骗过了几方工作人员，几乎使诈骗行为得逞。警方忠告某些植物检疫部门，加强为人民健康的使命感和责任感，严格对植物运输进行检查化验，不要为不法之徒和非法走私植物大开方便之门，谨防发运空集装箱诈骗！

悬崖鹿

叶子正落的秋天，惨淡的秋阳斜射进号子，映出一片动人的橘黄色，犯人们神态各异地望着辉煌的色彩，浮想联翩。

杨加林斜靠在铺上，眯着的双目清泪横流，他望着窗外，望着秋阳下的笼中之鸟，喃喃道："为什么不把它放出去呢？它焦急地扑上扑下，定是想它的妈妈了。"值班的民警谢榛走过来，意味深长地看了他一眼。

他感到自己很难飞出牢笼，若能脱出死刑的厄运已属万幸。今晨初审的死刑判决宣布时，他感到脑袋"嗡"的一声后变为一片空白，出奇地平静与旁听席中欲绝的哭声形成巨大的反差。

监门铁插刺耳地响过，王刚管教叫了声："杨加林，你获准会见家人，出来。"他喜了喜，机械地走出号子，脚镣发出一串响声。

森严的戒备中，他以灰暗目光看着亲友，不知该说什么好，而默默地接过吉他弹了起来。死刑宣判画了句号，使他感到自己走到了生命尽头。

稚气未脱的儿子木然的表情使杨则军很陌生。儿子自编自唱的《悬崖鹿》在他耳边回响，每一声不啻狂风暴雨，震得他花白的头发和破碎的心直颤。他望见这头小鹿，今日过早地走到世界的边缘——生命这珍贵的东西，说去就这么轻飘飘地去了吗？末日的感觉和人生三大不幸之一的“中年丧子”的悲哀都渗到骨子里了。他强忍着泪，泪眼中临行前杨加林的母亲昏死的样子和眼前儿子茫然无措的样子互为变幻着，变幻成红烛泪流，变幻成杨加林18岁的生日之夜，那歌声越过时空和现在重叠：

在妈妈温暖的怀抱里

是她把我抚养长大

在妈妈盼望盼望的目光中

我一步一步地出发

杨加林生长在一个中等生活水平的铁路职工家庭。争强好胜的性格使他在交友上选择了讲求派头的同龄人，他认为人活着就要活出个派头。

正是爱玩会玩的年华，在学校组织的活动和亲朋的聚会中都少不了他，一曲吉他弹唱令多少人倾倒，这也令他更喜欢吉他。这吉他，不但如同最衷心的朋友给他安慰，而且给他带来一种潇洒的感觉。妈妈多次充满爱意地提醒他抓紧功课，他由半听不听到厌倦。妈妈对他抽烟喝酒劝诫制止时，他反驳说抽烟喝酒是长大成人的标志。妈妈劝他，你才15岁，烟酒不但对身体有害，还会使人提不起心劲儿。他觉得自己的妈妈和众多的城市妇女一样，太过小市民气了。

杨加林认为他追求的就是富有刺激性的生活，妈妈的唠叨使他不愿待在家里，于是他决定出走。

他和朋友李军漫无目标地游弋在古关火车站街头，黑暗中随手抛出一颗石子，先是玻璃的碎裂声，后是骂声，李军叫他快跑。他们跑了好远，紧张地喘着气，还说“够刺激”。谁知第二天有人上了门，并说出昨夜的事情，杨加林不吭气了，心里直骂李军这个“卖国贼”。

上个月的劳模会上，杨则军和杨加林的班主任刚交换了一下看法，没承想才几天没抓又惹下了这档子事。快放假了，这野小子不管管只怕不可收拾了。他一边责备儿子，一边向来人说好话，好在都是铁路人，赔了块玻璃算了事。

杨则军为了用铁路工人的事迹和工作的辛苦教育儿子，不顾违章带杨加林跑车。夏日的戈壁滩热力逼人，蒸汽车头内更是闷热无比，特别是那一身脏黑，令杨加林发誓这辈子决不和机车打交道，起初那个想当火车司机的新鲜劲儿早已荡然无存。杨则军问：“儿子，咋样？接我这班你能像爸爸一样爱上这一行吗？”

“我才不呢，我要和朋友合伙做生意，赚大钱去。”

杨则军笑了笑：“有志气就好，但现在正是长知识的时节，你的这种打算为时过早，干什么没文化可不行。”

他“嗯”了一声，算是答应，心里却想：你每月给我的那点儿钱连零花都不够，借新账还旧账，怪没面子的。他对父亲这代人的鼠目寸光、死不开窍而百思不得其解。

有一天列车在北庭站停车时，杨加林发现李军在站台转悠，他心里一喜，想到了一个脱身之计。

该开车了还不见儿子上车，杨则军只好开车走了，而杨加林和李军却乘客车返回了古关车站。杨加林抱怨说：“放假了本来要好好地乐一乐，谁知反而被控制得抽不开身，一天跟个破车来来回回，一点儿都不好玩。”

“无非是当爸爸的控制了钱才使你屈服于他，要是我们捞点儿外快，有钱就不必受控制了。”李军的话令杨加林拍手叫绝。

他们没事了常到某工区转悠，和工人混熟时也熟悉了地理和值班情况，动手的机会选在工人开工资的当夜。他们先在远离财务室的枕木垛上放了一把火，在人们呼天喊地救火时撬开了办公桌的抽屉。第二天，他就被传唤到公安所，之后被送往劳教所。

在妈妈温情的怀抱中
是她教我说话
在妈妈虔诚的目光中
我向未知的世界出发
妈妈的梦啊未发芽
长大的孩子虽已离开家
走遍了天涯的路
哪里有我心爱的家……

在劳教所，杨加林弹着吉他，悔恨的泪流满脸庞。劳教所的高墙大院，岗楼哨兵使他第一次感到自由受到限制的痛苦。他才知道自己全错了，他恨自己的朋友害了他，更悔的是没听妈妈的劝告辜负了爸爸的一片苦心。他怎么也没想到，这就是书上描写和令人讨厌的叫“贼”的结果，太丢人了！

《悬崖鹿》这首歌，就是他在劳教所最痛苦的岁月中，用痛苦、思念、反省谱写而成的。

劳教所天天出操、上课，还经常搞各种文体娱乐活动，这里还有杨加林过去的几个朋友，时间一长他觉得这和上学没什么两样。搞什么活动都少不了太会玩的他，搞什么活动都能拿出优秀的成绩，他的悔恨之心逐步被树立起来的信心代替，并迅速膨胀为难以知足的虚荣心。他感到世界的这些给予正是对他“坎坷命运的一种补偿”，于是他享受了一种在外面享受不到的快乐。他觉得没有比谁都关心他、谁都重视他更让他感到欣慰的事了，也没有比不依靠父母更使他骄傲的了。可他哪里知道，劳教所是社会未成年人实行特殊教育的地方，生活上仍要靠父母的经济，并且扩大为社会的关注。

不知不觉三年的劳教生涯结束，学是没法上了，只好在家待业。他变得郁郁寡欢，每天弹弹吉他，看看武侠小说。父母认为只要能变好，丢次人也值得，让儿子难受一下也有好处。但他们却没留意儿子卧室里飘出的那种怪味，他们还决定为儿子过个 18 岁的生日，祝贺他长大成人。

生日那天，杨加林的朋友不请自到，他木然的脸上第一次露出了笑容。他满面春风地坐在亲友中间，宛然一个小寿星。他说了句令父亲非常感动的话："长大了，我要做个好人，做个像样的男子汉。"

他感到心灵的伤口已经复合，他和大家一同唱歌，一同猜拳行令，最后他说："为了告别过去，缅怀未来，我向妈妈献上一首歌，以表达我悔过的决心。这就是我在劳教所用心谱写的《悬崖鹿》——

那一天风狂雨正大
我没有听妈妈的话
黑夜里我迷失了路
一步步走向绝壁悬崖
那一天风狂雨正大
我离开了家离开了妈妈
一步步走向绝壁悬崖……"

琴声凄婉悲怆，似在诉说一个失足的故事。歌声委婉动听，似在倾诉一种悔过之诚。一句句都使人战栗，一声声都使人浮想联翩。杨加林唱得热泪滚滚，父母听得百感交集：这么多年的折腾，儿子总算懂了点儿事，这些年的苦算是没白受。朋友们听得低下了头，他们明白他不止是用口唱着，而且是用心唱着。

生日的第二天，杨加林破例出去到古关市转了一圈，顺路买了把匕首。接着，他去车站地区单身宿舍找朋友玩，他觉得人要真正改好少不了朋友的帮助。但他不知道他们现在住在哪个房间，正巧楼里面出来一男一女，他拦住他们问："你们认识李军吗？"

他们上下打量他片刻，他苍白的面孔令女的吃了一惊，她拉了一下男的低声说："是个大烟鬼，别理他，快走。"于是那男的很强硬地说："不知道。"两人扬长而去，留给杨加林一串轻蔑的笑声，也留给他一份深刻的欺辱。

他生气了，他受不了这种明目张胆的歧视。他跑过去拦住他们说："不知道就不知道，横什么横？"

"横了又咋的？小杂种。"

杨加林大怒，趁其不备，抽出匕首对那人当胸就是一下。女的吓蒙了，半晌才喊出声来："快来人哪，杀人啦！"

杨加林慌了，又向她逼去。那男的左手捂着伤口，右手抡起一块砖向杨加林砸来。他闪身躲过，对着那男的当胸又是两刀，那人全身抽着倒下去，人围了上来，他回身就跑。

跑过工人文化宫，他回头看到有人拉架子车要把伤者送往医院，他举着血淋淋的匕首叫着奔了过去，周围的人纷纷躲避。他对着卧在车上的伤者后背又扎了两刀，这才扬长而去。他感到他如一个大侠，为人间除了一个暴徒。他感受到行侠仗义的人把恶人置之死地而后快的正义。他如大侠一样用血衣把匕首擦干净，把血衣往没盖的下水井一丢，无事一样地回了家。上午吃的安定发生了作用，他昏昏地睡去……

在梦中杨加林感到有人把他抬到车上，问他事情的经过，他昏昏地应对着。等他清醒时，他才知道自己躺在五凉看守所的号子里。

那一天风狂雨正大

我离开了家离开了妈妈

风暴中我迷失了路

一步步走向绝壁悬崖……

生日的红烛似在眼前跳动，昨日之事恍然如梦，他不知自己干了什么事。他只是以前染上了烟毒。生日的那天，一种活人的良知促使着他戒毒。第二天，他上市里就是为了买瓶安定，当时就吃了几片，谁知道不但没安定，还闯了大祸。

杨加林审视着这个小院子，与劳教所相同的就是高墙铁网，不同的是这个小二楼的看守所比劳教所多了几项铁制品，监房的铁门上加有两道铁插一把大锁，木窗加了铁网铁斗，装着昼夜不停旋转的换气扇，从号子到监外共有5道铁门。监房的上面住着看守所的大檐帽们，这二层的老红砖结构是70年代的样式，这院里高墙围起的放风场使人有种坐井观天的感觉，这院里人来人往的忙活劲儿和大通铺号子，倒又像个车马店。可笑的是，走廊里还生着几个大铁皮炉子，挺暖和的。号子里用的是老式马桶，他坐了几次，也看着别人坐，臭味弥漫，令人发呕。最可笑的是仅有的一个供犯人洗脸倒马桶的厕所老是堵，据说看守所用铁网、漏斗、铁丝篓过滤杂物，但堵塞照常，下水管子太细只是其次，人为的破坏让他感受到一种报复的快感。他所在号子中的坏小子就故意把塑料袋扎成团放在马桶里，趁站在厕所门口放哨的大檐帽不注意弄到下水道里，于是大檐帽们就一个换一个地做“疏通工作”，马桶就要端到监区附近的公厕去倒。院内的吆喝声响起，他隔着门上的小窗口朝外观看“风景”——大檐帽们跟着端马桶的犯人，一种滑稽感令他笑得肚子生疼。这小窗口，不但使每日的饭菜送进来喂饱他的肚子，而且还于百无聊赖中带给他精神上的放松。饭菜自然不如家里的可口，但农村的犯人却说和家里的差不多。

杨加林最怕犯毒瘾，那种时候他仿佛不再是他自己。只要给他吸口白面儿，让他当孙子都行。可这地方连“小烟”也不许抽，别说大烟了。自从染上毒品后，他就感到这玩意儿还能使他解脱一阵子痛苦。但是大檐帽们却出奇地冷静，连片安定也不给他。无论何时，他感到号子内外总有几双眼睛盯着他的一举一动，这令他想念起劳教所的日子。没有一点儿行动自由，没有上下课和书报，更没有娱乐活动，只有呆坐在那里，思前想后，等待吃饭、睡觉、提审、判决、接见。他感到人一旦安静下来，反思的痛苦就多了，连觉也睡不着。想吵不敢吵、想打不敢打，有什么事必须先打报告，否则就要受训。唉，这监狱变得可怕起来，不是人来的地方啊！特别是那个王刚管教，盯他时他就乱了方寸。

他开始物色朋友，据他的经验，一个篱笆三个桩，一个好汉三个帮，有了朋友就无所畏惧，有了朋友就有了心理上的靠山。

他用家里人寄来的钱买了方便面、火腿肠、罐头拉拢同号子的犯人，与他们聊天。日子出奇地平静，没有风传的进了看守所先过“闷葫芦”关——老犯用被子压住新犯打。除了两次提审谁也没找过他的事，但有一天王刚管教给他调换了号子，警告他不要搞什么名堂。他害怕了，叫喊起来。王刚和谢榛就带他出去，谈了他从来也没有想过的事：“要是你的家人也遭到这样的不幸，你会怎样？”

他笑了，老实巴交的父母、书呆子似的姐弟，根本就不会有被人插两刀的事。接着他又想到了自己，心不禁一颤：真的，妈妈，你的儿子又进了监狱，你不知咋样？

于是，生日之夜的歌又萦绕于心头——

悬崖上我叫一声妈妈

儿多么想回家

跪倒在妈妈的脚下

让妈妈把我领回家……

杨加林安静了许多，因为王刚给他讲了个杀人犯孙大力在这里搞的名堂。孙大力是武威铁路技校的学生，25岁，金城人，浓眉大眼，面常含笑，一米七五的个头，体态中型。他和杨加林一样，谁也不会把他和杀人犯联系到一起。但孙大力确实杀了人，还是挑动同学杀的人，还不止杀了一个。起因无非和杨加林一样，就是因屁大点儿的事而气愤杀人。

穿警服绝对不是为了吃素，他们也像孙大力和他杨加林一样分析着情况。他们明白孙大力和杨加林的安静绝不会长久，定会挑起同监人犯对抗监管，定会打提审押解、放风放茅、看病接见等关口的主意。但他们有规定：警力薄弱时不打开号子，提人押解都是两人以上，看守持枪警卫，犯人沿墙站立，被提出者站在门口。想干什么，闹事？没门。

孙大力一审死刑判决下达后，按规定死刑犯要加戴手铐脚镣。孙大力要求："不戴行不行？"他得到了肯定的答复："只要服从监管，什么也不戴都行。"但人犯也像现在一样和值班民警倒班，看护着"戴手铐的旅客"。

正巧另一死刑犯张科因服从监管、认罪态度好而改判了死缓，孙大力如看到救命的金稻草，他的表现好起来了。他要求向"希望工程"捐款，但他的两面派手法仍被察觉：他要趁办案单位提审之时抢枪外逃。情况立即通报下去，但值班看守却假装不知，依然跟孙大力吹牛拉家常。但孙大力看得清楚，只要他被提出，气氛和别人提出不大一样。

杨加林听着开始为孙大力担心起来，这小子罪加一等呢。杨加林也为死刑能够改判而欣喜于心——他预感自己的罪定不轻——他实际还不知道他杀的那个姓赵的已死，他想那么两下子是死不了的，再说，提审时的罪名都是故意伤害罪而不是杀人罪。

孙大力病了，不吃不喝好几天，各种药用过了从不管用。据值班民警观察，他在夜深人静，值班人犯看报纸或打盹时蒙着被子拼命地吃东西。杨加林心想孙大力够滑的，他们怎样对付他呢？

死刑犯管理小组要求调整监室人犯，加强警戒工作。杨加林一下明白他们如此对待他的原因——孙大力无计可施，变得痛苦不堪，闹着要抽烟、要吃肉。所长在谈话中揭露了他的真面目，他表示再也不敢耍花招了。所长说：“要是你再玩什么伎俩，该怎么办就怎么办！”

杨加林明白这真叫邪不压正，王刚管教的话回响在他的脑海：“孙大力的那点儿花花肠子，在看守这一行已司空见惯，多少人都被撂顺了，谁也休想得逞。你杨加林也别耍什么小聪明，你还小，在困境下仍要学会如何做人，我们会考虑你的合理要求的，折腾于事无补，愚昧盲动只能使你走向毁灭。”

他有种穷途末路的感觉：连玩个手腕都不成。他想家，很想妈妈。他想到曾有一死刑犯在监刑前要求吃妈妈一口乳，结果却咬掉了妈妈的乳头。那人是在他妈妈教唆下犯的难赦之罪，可他杨加林却是不听妈妈的劝告才走到了这一步。妈妈，你用你深深的皱纹标出我的年龄，你用你殷切的盼望等待我的新生，你用辛劳为我换来安逸，用苍老为我换得青春，可儿却辜负了你。泪无声地奔流，悔无形地铸成，错无望地挽回，《悬崖鹿》涌上心头——

在妈妈温情的怀抱中
是她教我说话
在妈妈虔诚的目光中
我向未知的世界出发
妈妈的梦啊，难发芽
长大的孩子虽已离开家
走遍了天涯的路
哪里才有我心爱的家……

杨加林每天很晚才睡去，很早就醒了。梦总是五彩缤纷的，梦中，他站在镜子前，反复地审视自己：一双本该属于女孩子的丹凤眼，配合得恰到好处的卧蚕眉，直棱棱的鼻梁、方方的脸衬出他的英气。他问镜中人：这么帅的男孩儿、这么能弹会唱才华出众的男孩儿，本该属于明星，为什么却一犯再犯，从纵火盗窃到伤害致死（杀人）呢？梦总是破碎的，起诉书上的伤害致死罪名无异也给他宣判了死刑。他想不通这一生怎么就这么不明不白地走到了头。他在心里绝望地叫喊：苍天啊，我该怎么办？我才18岁啊！

但这次他忍受着，他和号子里年龄相近的犯人很快成了知心朋友，他和他朋友在号子里渐渐说一不二起来。他的老毛病又犯了，如果有人敢于触犯他，他就要报以拳头。

一审死刑判决下达后，他在家人会见时以吉他曲说完了自己的话，手铐和脚镣增强了他末日的感觉。他想到了《红岩》中的许云峰，体会着许云峰当时的心境。他感到自己和他一样壮烈，世界对他的处罚无疑是法西斯行为，他认为自己不能这样窝窝囊囊地死去。他压根儿也不想自己的所作所为给姓赵的那家人的影响，他想不到自己实际杀了3个人，那孤儿寡母怎么在未知的岁月中度过？

铁链锁联结了手铐脚镣，行动受到了限制，他就让他的朋友配合，用胳膊肘倒腾触犯他的人，还让他不敢报告。值班民警转过来他却笑脸相迎，和他们拉起了家常，他认为自己真高明。

有一天，他正玩这把戏，被外面的人发现了。发现的这人是个学生警，就是那个和王刚搭档的谢榛。这人一天一副笑脸，不像别人那样拉个脸让人难受，他有太多的“妇人之仁”，大道理不少，听后让人难受好半天，他杨加林就常常领教，所以他并不慌。但这谢榛却像什么也没看见一样，跟他聊起天来。他不能不佩服谢榛在各方面的悟性和渊博，只要面对面交流，他立即会意识到自己知识的匮乏。他想：要是之前碰上他，和他交个朋友，那这一生就不会是这个样子了。谢榛经常向他讲书，听得他痛苦，听得他欣喜，他似乎也进入了他的精神境界。但今天谢榛既没有讲书，也没有讲趣闻逸事，而是给他讲了号称五凉地区

"头号恶霸"董耀武的故事。

董耀武因杀人二次"进宫"，押解途中头撞火车自杀未遂，收押时拒绝签字，并扬言："我董耀武在外是一条好汉，到监狱也要做好汉一条，我要把看守所闹个鸡犬不宁。"

杨加林立即明白这个故事的意义，他想这家伙就是会绕弯子，董耀武够条好汉，但他关心的是好汉的结局。

董耀武用烟头烫自己的手臂自残，殴打同监人犯，辱骂监管人员，大吵大闹，气焰极为嚣张。没有人犯愿与他同监，没有人能管得住他。"上面"就有人管他了，董耀武被加戴了戒具，关单号。不是正戴，而是背铐和脚镣背联，那滋味把个不可一世的董耀武弄得动不得、跳不得、骂不得。骂声变成了呻吟，变成了哭声——他受不了全身酸痛的滋味。他要求谈话，但值班民警却说："本身就外强中干么，杀了人思想空虚害了怕，精神承受不了就想以闹事掩盖恐惧，能盖得了么？对你这种死不悔改的家伙，强硬就是人道，严惩就是道义。"

这句话令董耀武愣在那里，这句话把他外面的虎皮扒了下来。这句话也令杨加林大吃一惊：这家伙软话比钢刀子厉害，一下子扎到人的心上。

这一次治掉了董耀武的毛病，他表示一定认罪伏法。董耀武的结局把杨加林引出了死胡同，他明白这是谢榛给他指的一条非如此不可的路，恃狠凌弱是一种悲剧，逃避不幸那是真正的不幸。于是，他感到：自己现在生命中不能承受之重变为不能承受之轻——面临死刑沉重的结局，我这条命就这样轻飘飘地离开这个世界吗？我将给父母造成怎样一种沉重呢？

在这种矛盾之中，他被会见时父亲那刻骨铭心的痛苦所触动，变得更为苦闷。他不再闹腾，但依然怀着一丝侥幸心理，至于能否改判他心里没底。他在等待一个恰当的时机，想和谢榛认真交交心。

他第一次开始正视这个“车马店式”的武威铁路看守所改造人的分量。谢榛说得对：“犯了罪还不能认罪伏法，那定不能彻底改掉恶习，对社会的危害依然存在。能否认罪伏法第一点就是能否接受看守所的依法管理和教育。古希腊哲学家德谟克利特说过：‘对可耻行为的追悔是对生命的挽救。’杨加林，你应当自己挽救自己。”

他试着想自己这18年的人生，他发现自己是那么幼稚可笑、那么可叹可恨。他无法面对过去的自己，他的现在和过去在激烈地交锋。他开始站在看守民警的角度想问题了。犯人想不开，他们还得陪着散心，劝来劝去，嘴皮磨破，累得够呛。他们把法律和政策融到人生哲理之中，贯通于人之常情、物之常理之中。他就常听见他们笑着说：“我磨也要把你的坏毛病磨个干净。”他看着他们整天穿梭式地收押、提审、接见、谈话、看病、投劳，有一次他忍不住问：“你们究竟干什么样的活呢?”他们回答说：“送不完的犯人，扫不完的地，跑不完的提审，操不尽的心，耗不尽的工夫，睡不够的觉，做不完的大锅饭，难喂足的口。”他感到整个五凉看守所是一台改造灵魂的机器，这项活计就是机器的齿轮，围绕着“监所安全”的轴心，由这20来个民警带动旋转。人犯源源不断，工作时时从头开始，纯粹是磨制新人。但他们却不紧不慢，有条不紊。听他们说，他们的“无违纪无事故”记录名列全局同行业之首，他们投劳的犯人，都成了劳改队的骨干，很多被减刑、假释。

杨加林这样一想，心境开阔了。他听过无数遍的“奉献、创造、敬业”原来就是这样铸造的，就是从小事做起，就是一种认真负责的崇高精神。在这个灵魂的工程中，即使是虎狼，也会被培植出一颗动物先天就有的良心来，更何况是人。谢榛说的南京一个看守所的一杀人死犯，因专心研究出一种汉字全息编码被改判，五凉看守所也不乏被改判的死犯，这体现着法律的意志不仅是惩处，而且还有教育挽救，法律的慈悲表现在对幼小无知可改好的失足者的挽救上。

杨加林听到那个闽南的诈骗犯出所时讲：“西北的民风朴实，警风更令人敬佩。”他看到一个60多岁的农村犯人，在看守所关押的一年中治好了疥疮、腰疼、关节炎、胃炎，出所时以一个老农朴素的感情跪下说：“我给你们磕头了，青天大老爷，我这辈子烧了高香，一分钱没花，进来一身病，出去一身轻。”

他真实地看到一匹常拉车不换套的老马，一架人们所说的民族脊梁的一根骨头，他真实地看到令自己灵魂战栗的叫作“精神”的物质。他明白了“十年种树，百年树人”的格言的内涵，他更明白在这个被称为公安行业“毫末之技”和“平凡无奇”的看守岗位中所铸融的爱心。他感到自己也被融化，正在铸造一个新的自己。

他高兴地想，只要自己努力做好，一切都会好的。这晚上，杨加林做了个美好的梦，梦中，他带领着自己的乐队如同小虎队、黑豹乐队一样，走遍大江南北，唱红了大半个中国。掌声中，他感到自己价值被社会承认的愉悦，他感到人生如海，资源丰富，但丰富的人生要靠你自己把握；18岁，真是如诗的年华，但如诗的年华就看你怎么塑造。他的压台歌《悬崖鹿》令多少人为之动容，台上台下有多少人把泪流向歌，把歌唱给妈妈呼唤的“天涯游子”：

那一天风狂雨正大
我没有听妈妈的话
黑夜里我迷失了路
一步步走向绝壁悬崖
悬崖上我叫一声妈妈
儿多么想回家
跪倒在妈妈的脚下
让妈妈把我领回家……

大漠“冰所”情

冰草湾车站公安派出所，是中国第一条沙漠铁路干武线上的阵地，它处在腾格里沙漠的南缘，管辖着168公里铁路线和13个车站，艰苦的条件，坚守的执着，安全的保障，人们亲切地称它为“冰所”。

一

当春天姗姗地来到冰草湾，沙枣和白杨树的绿色把这个处在沙漠中的车站衬托得分外清秀。指导员李六福伸了伸懒腰，小心地将被面上的沙子抖到地上，又把地上的沙子扫出门，然后打扫所里的卫生。

10年的“冰所”生活，使他形成了一种习惯——早起早睡，跑完步后打扫卫生，再带全所民警打一通擒敌拳，之后安排工作。从这位浓眉大眼、身材魁梧的西北汉子身上，我们可以看到扎根在腾格里沙漠冰草湾车站公安所需要的体魄和气度。

他极其熟悉这片沙漠，他无数次盯着连绵的沙海，思绪从全路文化线建设的排头兵干武（干塘—武威）铁路延伸出去，如干武线那样，也连接了兰新、包兰铁路，抚过“冰所”管辖的线路和车站，抚过“冰所”扎根在腾格里沙漠的9000个无违纪安全天的日日夜夜。思路渐渐开阔了，辐射到开通的兰新复线和宝中铁路，一种自开山筑路、征服自然、造福苍生的动力使他想到了一个人在世界上的意义，想到了一位公安民警为社会应担的重任。

出罢操，他和所长闻万年布置完工作，就和内勤焦念新去张罗民警的早饭。炊事员已打扫完伙房的沙尘，稀饭已煮好，油锅已上火，小焦帮着拾掇了几个小菜，李六福则炸着油条。在“好香好香”的叫喊声中，民警们陆续跑到了伙房。李六福很喜欢这些20来岁的小伙们，生龙活虎的他们给站区带来一种内在生命力，也给他灌注了无限的活力。他吆喝着：“别急别急，人人有份，管饱。”一边从盆中捞起一根油条也吃了起来，大伙望着他笑，他也满脸滑稽地朝大伙笑。

门外传来“指导指导，指导了思想，又指导了伙食”的打趣声。原来是车站值班员老赵。李六福嚷起来：“这赵胡子，鼻子怪尖的。”大伙一下子笑开了，这是他碰见老赵的口头禅。这里面有个道道，老赵的外号叫“瘦狗”，西北有句俗话是“瘦狗鼻子尖”。

老赵对人们叫他的外号早就习以为常：“别笑别笑，你们公安所有了这好当家，天天过年啊！”

李六福说：“车站的人都有特异嗅觉，一闻见香味就屁颠屁颠地来了，把我的伙计们都吃穷了。老闻，听说公安处警犬队的警犬要下站来，用那些胖狗来轰这个瘦狗正合适。”

老赵装出很怕的样子说：“别，别，我这么把年纪了，吓坏了你负责。谁不知道公安所伙食在全站区最好，让小站的别人混饭就可以，还不许我来?”

李六福操着一口浓重的平凉口音打趣道：“不用怕，只怕瘦狗见了胖狗还认为它很美呢。”

“哗”，大伙笑得喷饭，老赵捞起两根油条追打了出来，一边嘟哝说：“惹不起，躲得起，领导们，我回头再光临，我看今天的老李倒挺美呢。”大伙又笑，李六福的大脸盘露出了淳朴的底色，他诙谐地说：“这瘦狗，今天才和我攀上了亲。”

“冰所”是冰草湾地区文化生活的组织者，经常开展的篮球、乒乓球、跳球、羽毛球赛，就是由他们牵头的。而他们的“民警之家”，实际是个“职工之家”。没回家的休班职工索性就泡在这个家里，而其他12个小站的职工若来冰草湾，这个家仍是他们理性的去处——包处理问题、包锻炼、包吃饭。还有嘛，就是这“三八线”的姑娘们一般都在那里耍着，曾有人这样赞美她们：“她们用汗水把小站浮起，她们让小站的天空飘满笑容。”也是她们，把这168公里的荒凉的铁路线，点缀成太阳升起的地方。

“冰所”的驻站民警在小站也格外受照顾，姑娘们常大方地说：“公安哥，没处吃饭到我们屋里吃去吧。”时间长了民警也不好意思，帮着小站的姑娘们办点儿好事顺理成章。“冰所”和13个辖站的关系就建立在互帮互助的基础上。常有这样的事发生，民警病了有人专程把他们送往武南铁路医院。而民警也投桃报李，职工有事第一个找的就是他们。所里收到的表扬信，给挂满锦旗奖匾的荣誉室增添了另一种光辉。“冰所”民警在门前坡地上砖镶的“扎根荒漠，保卫西北”的誓言是光辉的基础，而有年春节站区职工送的一副对联更是他们生动的写照，“安全生产的坚强石柱，职工群众的忠诚卫士——文武双全”。

吃过早餐，闻所长接到公安处开展“禁毒”专项斗争的通知，立即召开所务会，制订方案，下午召集全所民警布置任务。传达完文件，宣布了所里的方案，又一项项地把任务落实到具体人头上。在闻所长向各站调兵遣将准备战役之际，李六福想到年初“反拆盗、反货盗”专项斗争时“冰所”破获的一起盗货案。

二

那是1994年元月12日的凌晨，冰草湾至谭家井区间的道边发现被盗的钢管、棉包和小百货。他带着几位民警守候在沙窝子里，皮大衣、皮帽子一点儿也不御寒，严冬的寒风和沙子见缝就钻，打得脸颊生疼，一会儿就把他们埋在了沙窝子里。这时，寒冷感轻了，但呼吸却急促了起来，手脚也已麻木。不知啥时候，又下起了雪，大伙都暗暗诅咒这鬼天气早不下晚不下偏偏在有情况时下，那呜呜的大风刮得人焦急，那雪和沙子结成的沙雪打得人分外烦躁。李六福的手在兜里摸着烟，闭上眼用幻觉来弥补不能抽烟之“遗憾”。焦念新低声说：“指导员，唐诗中的‘大漠孤烟直’这一句在腾格里沙漠就错了，烟雾在风雪中早已无影无踪。实在难‘直’，倒成‘大漠无烟急’了。”

李六福笑了笑说：“你小子想抽烟不是？烟？烟气当然无影无踪了，但烟头的火光在这种时候可不亚于一盏信号灯。”

焦念新不吭气了，有人支着说：“你要是实在憋不住了，我倒有个主意，在沙地上挖个坑，把头埋到坑里抽，沙子也进不了嘴和鼻子。”其实，他也忍不住了。

李六福没吭声，算是默许。他们开始用手挖着沙子，但他却坚持取下口罩，把烟放在鼻下嗅着，雪和沙子立即补充了口罩的位置，他低声骂了句："这讨厌的沙雪。"他听到了他们几个偷偷地笑和贪婪的吸烟声，禁不住摸出打火机，但却停在烟头边没有动。他想起1993年5月5日的那场席卷河西走廊的黑风暴——

大约是下午6点，古浪县冰草湾乡农民许三的11只羊在铺天盖地的沙暴中跑了，许三焦急地找到"冰所"求助。李六福和原任所长张志强二话没说，当即带领民警冲入大沙暴中。他们顺着风向找，在暗无天日、能见度极低的情况下，沿着铁路线、沿着有草的地方找。沙子填入能填入的地方，冷汗又把沙子沾到身上，又疼又痒。他们一度想发动站区的职工帮着找，但那些小姑娘在这大沙暴中还自顾不暇呢，一个小时过去了，又一个小时过去了，终于在一片离车站好远的树林中找到"咩咩"乱叫的羊群。望着一个个泥雕似的民警，许三感动得热泪盈眶。第二天，他拿来80元钱和两条龙泉牌香烟，两只活鸡，要求民警们收下这点儿心意，但被民警们拒绝了。

在市场经济时代，在人人都叫喊"挖光阴"的时候，民警付出了劳动，但他们并不因此而收取报酬。为了表示发自心底的谢意，许三又找了李六福。李六福暗自感叹：多厚道的百姓呵，多质朴的民风。这发自内心的农民最普通的报恩方式，对我们的工作是多大的促进啊，但民风归民风，礼却不能收，因我们是人民警察。他说："小许，你的心意我们领了，感谢你对我们工作的理解和支持，但这东西你带回去，保卫人民的生命财产安全是我们应尽的职责，不要过意不去。"许三感动得不知所措，他用西北农民最普通的方式，给民警们深深地鞠了一躬……

李六福正出神，忽然听到说话的声音。他低声命令："有情况，准备战斗。"民警们的精神顿时一振，接着，有微弱的手电光向道边的赃物照去。来的共3个人，拉着辆架子车。一个咕哝说："怎么找不见了呢？是不是被沙子埋住了？"

“别吭声，找就行了，让公安听见就麻烦了。”

一个哈哈大笑：“这种天气，我都不想来呢，那帮老爷们儿早捆在床板上了，你拉他也拉不起来。”

他们把赃物装上架子车，刚拉过民警埋伏的地方，一声声“不许动”和四面八方从天而降的民警把他们吓呆了。其中一个要跑，民警唐更生一个箭步上去把他按倒在地，李六福就亲手给他上了手铐。3 个盗窃犯一个也没跑掉。

经过连夜审讯，天还没亮就把案子破了。李六福张罗着民警吃过夜宵，才感到浑身上下酸酸的，而其他民警却仍很兴奋。他想，毕竟 40 岁了，比不得二十几的年轻人。所长不在一个人撑着可真不容易，他安排好工作与休息，就去家里招呼了一声。

李六福在炉子边还没把身子暖过来，犯罪嫌疑人白某某的哥哥拎着烟酒敲响了他的家门。白某要求他为其弟“活动活动”。李六福想起了许三，想着他俩同为冰草湾乡的农民：一个淳朴，一个贪婪；一个勤劳致富，一个非法敛财；一个为感谢而表心意，一个为买法而来送礼。他严厉地对白某说：“把东西带走，你找错人了。”白某不恼也不走，一言不发地窝在那里，心里想着怎样把东西留在这里。李六福对他说：“你应从你弟弟的事上吸取教训，非法敛财只能自食其果。同样，我收受贿赂也是违法，我李六福站起来是一米八的西北汉子，坐下来是一位响当当的公安民警，怎么能执法犯法?”白某趁他不备，将“礼品”放下就跑了。他当即追出来，白某早不见了影子，于是他提着“礼品”交到了所里。

所里派人找来白某，对他进行教育，白某满面羞愧，提着“礼物”灰溜溜地走了。他看到派出所门前的雪地上，似乎写着两个字：清白。

白某并不甘心。过了一夜，他打听到所长闻万年坐 682 次客车回所了，顿时一喜。

白某空着手来找闻所长。闻所长是接到所里报案后赶来的，见白某上门，立即明白怎么回事。他说："我知道你来干什么，这主意你就别打了。"

白某提出以每名犯人2000元的价钱，从"冰所"买回那3人，闻万年震怒了，拍案而起，吓得白某狼狈而逃。

闻万年望着他的背影哈哈大笑："你休得玷污我们的清白。"白某清楚地看到雪地上写着"清白"二字，他没想到，在"冰所"真成了人们传说的"提着贡品找不到庙门"那么玄乎。

三

闻所长讲完话，问李指导员还有什么补充的没有。李六福却"嘿嘿"地笑着，民警们莫名其妙地跟着笑，焦念新拉了他一下低声说："闻所长让你讲话呢。"他回过神来，略停顿了一下说："所里分来两名新民警，老闻你看，是不是让老唐去武南接一下，顺便让他也回趟家?"闻万年说："就让老唐去，让这个在'冰所'已有6年所龄的老同志去接，给大都市郑州毕业的他们上好扎根'冰所'的第一课。"

第二天傍晚，当682次列车到达冰草湾车站时，"冰所"的民警全立在风中迎接新战友。新民警还没来得及打量站容，就被请到了会议室。会议室桌上摆满了酒菜，这使他们很受感动——所里重视啊!

李六福说："冰草湾风沙大，小心明天早晨起来一被窝沙子，你们小伙子可不要太折腾。"

笑声中闻万年说："冰草湾现在好多了，有水有电，我所娱乐文化设备齐全，还有自己的吉普和摩托车、小小书箱。新同志来了我们热烈欢迎，希望你们能发挥警校所学，把新的知识和好的作风带到‘冰所’来。有事了说一声，只要可行，我们大力支持。”

唐更生说：“来，吃吃吃，都是所里菜地自种的，蛮好。”他拨拉了一口米饭，“喀”的一声响，大伙就笑起来了：“蛮好，蛮好。”他很细心地把几粒沙子吐出来说：“冰草湾就是风沙大，时间长了就习惯了。”

酒过三巡，菜过五味，“冰所乐队”开奏了。口琴、笛子、快板、二胡、吉他齐鸣。8 点钟，下班时间一到，下了班的姑娘们闻声赶来，大伙争相献艺，室外春寒料峭，沙漠风呜呜，室内和乐美满，歌声朗朗。大漠之夜，有种不屈的精神搅得大漠难以平静，卡拉 OK 机中传出《少年壮志不言愁》和《说句心里话》。腾格里沙漠之上，飘荡着用生命和青春热血谱成的歌：“你不站岗，我不站岗，谁来保卫祖国谁来保卫家，谁来保卫家……”

四

让我们以崇敬的心情，用一段解说词来结束本文，并代表我们美好的祝愿：

这是一个团结互助的集体，所以在戈壁大漠中才坚定刚强，风吹不倒，雨蚀不挠；这是一个所龄和年龄才 25 岁的年轻集体，所以在瀚海的世界才朝气蓬勃，创造生活，改造沙漠。

正像 1991 年夏，当时的铁道部领导来所视察时的题词一样，“警徽在大漠中闪光”。这 8 个大字，凝聚了一批批“冰所人”的心血和汗水。这 8 个字，是“冰所”走过的 9000 个日日夜夜的光辉写照。

“冰所”，愿你的明天更加辉煌灿烂。

保卫生灵

——“4·18”国内最大剧毒品盗窃案侦破始末

NaCN是氰化钠的化学分子式，溶于水，有潮解性，置于空气中可逐渐分解，致人死亡量为0.02毫克。然而，在鼠年的春夏之交，一伙盗贼在兰新铁路上一次盗走700公斤剧毒氰化钠，制造了一起自新中国成立以来最大的毒品盗窃案。

一

1996年4月17日，乌鲁木齐北站货运部门从一节装有剧毒品的车厢内卸货时，发现14桶氰化钠不翼而飞，700公斤毒品被盗。

铁道部告急！公安部告急！

经初步调查，发案地点可能在兰新铁路线甘肃境内。一个个告急电话迅速传到兰州铁路公安局。

4 月 18 日凌晨 1 时 20 分，武威铁路公安处指挥中心接到兰铁公安局指令：4 月 12 日经由嘉峪关车站开往乌鲁木齐北站的 3101 次货物列车，于 4 月 17 日在乌鲁木齐北站卸车时，发现由德国进口、自天津发往乌鲁木齐的 14 桶氰化钠被盗。值班民警迅速将上级指令向有关领导作了汇报。处领导深感时间紧迫，责任重大。因为氰化钠是剧毒化学品，毒性奇烈，误食 0.02 毫克，即可致人死亡。700 公斤氰化钠一旦流入社会，溶于水流或被犯罪分子用于作案，将有数以万计的生灵顷刻毙命，对人民群众生命安全和社会安定构成巨大的威胁。“潘多拉”盒子要被罪犯打开，恶魔随时可能肆虐，侦破此案刻不容缓！

顷刻间，百余名民警厉兵秣马，在兰新线上撒开了追击盗窃毒品犯罪分子的恢恢法网。甘肃省境内列车经过的车站、附近农村、厂矿均被纳入调查范围，列车到站停靠时的相关人员均被传来问话。

二

确定发案地点是突破该案的关键。参战民警迅速排查，层层剥笋，发案地点逐渐划定。载剧毒品车厢从天津到乌鲁木齐，经由 3000 余公里，沿途停留数十站，多次编挂，从干武线进入兰新线及其以东，车门完好，没有发现被盗迹象。但该次列车在绿化车站停 14 个小时，停车时间较长，有充裕的作案时间。

经与乌鲁木齐方面联系证实：装载剧毒品的车厢（5PD229）在乌

鲁木齐北站卸车时，左侧铅封为始发站施封，右侧是嘉峪关车站施封。经查，该车在嘉峪关车站时，运转车长发现施封不良，要求商检补封，并编制了记录。另据线索称：4 月 12 日晚 11 时，该车车门在绿化车站被打开。

来自方方面面的情况表明，毒品被盗地点是绿化车站。

绿化车站位于嘉峪关市西南角，交通便利，人口众多，外来流入人员成分复杂，给侦破此案造成了很大困难。

剧毒品被盗的消息不胫而走，嘉峪关市民议论纷纷，人心惶恐。有的市民不敢外出时喝水，有的干脆说喝矿泉水、饮料，农民不敢让家禽牲畜外出饮水，都怕被犯罪分子投毒所害……

针对这种情况，铁路专案组在嘉峪关市委、市政府的支持下，为防止毒品流入社会，进行紧急部署，通知有关部门对水源进行 24 小时监测，每天化验一次水样。嘉峪关市及时采取措施，通知各宾馆、饭店，严查外来及不明身份人员，并通知嘉峪关市环保、卫生、防疫等部门，一旦发现中毒情况，立即报告。

拥有 12 万多人口的嘉峪关市气氛骤然紧张起来。

时间在分秒流逝，而参战民警的心情更是焦急万分。

三

4 月 18 日晚上，专案组 33 名民警奔赴绿化，经过反复论证，分析确定了侦破范围：此案所盗剧毒品数量巨大，为团伙作案；从偷盗物资的危害性看，很有可能是盲目作案，案犯成分极有可能是农民和自流人员，也不能排除流窜犯作案；侦破方向应把绿化车站附近无业人员作为主要对象，逐个进行排摸，并以绿化车站为中心，由里向外辐射，对有盗窃劣迹者进行重点排摸。

按照分析确定的工作范围，专案组将参战民警分为搜查、排摸、审讯、守候、抓捕5个行动小组，各小组按照分工投入到紧张有序的侦破工作中。

19日13时许，案情有了突破性进展。专案组民警搜索至嘉峪关市福民街自建房601号院内，发现6桶被盗的氰化钠。经过周密侦查，得知601号户主名叫赵生礼，并从赵生礼的社会关系入手，顺藤摸瓜，在嘉峪关市赵生礼的亲戚家，将正在喝酒的赵生礼、王三有抓获（均系甘肃积石山县农民）。

四

据赵、王二犯交代，他们盗窃时车门是开着的。这说明在他们之前剧毒品已被盗过。据此，专案组民警又组织搜索可疑地点，根据交代，迅速清查流窜无业人员，将嫌疑人张官福抓获。

20日凌晨2时，民警们在福民街搜索时，突然发现有两人提着一只桶往摩托车上捆绑，立即包抄过去，发现铁桶正是装过氰化钠的黑色铁桶，上面的骷髅标志非常明显，但桶内氰化钠不知去向，携桶者是两个农民。讯问得知，铁桶是他们在绿化带附近捡到的。民警来到他们指认的地方，在一污水坑旁挖出两个麻袋，打开一看，正是氰化钠。20日下午，查明了这一部分氰化钠是一个外号叫“歪脖”的徐李云所盗，但徐犯已弃桶埋毒后逃跑。

同一时刻，民警在审讯王三有时，王供出甘肃积石山县农民司马英和他在12日晚窜入绿化车站，盗得氰化钠4桶，放到嘉峪关市福民街自建房706号。专案组民警迅速奔赴706号，但未捉到司马英。民警起赃后埋伏四周，守株待兔。21日晚11时许，民警发现一个黑影鬼鬼祟祟地闪进706号，大家一拥而上，将其擒获，此人正是司马英。

至此，被盗的氰化钠已追回11桶，其余3桶仍不知去向，民警们的心还是沉甸甸的。

五

72小时过去了，参战民警一眼未合，他们多想找个地方睡上一觉，解解乏，但另外3桶剧毒品下落不明，怎能睡安稳呢？

23日下午，专案组会议研究下一步工作，并向嘉峪关市委、市政府、政法委、公安局通报案件进展情况，请求援助。嘉峪关市非常重视，主要负责同志亲自主持铁路、地方政法机关参加的联席会议，商讨对策，并立即成立了路、地联合专案组。抽调铁路、市公安局、酒钢公安处、检法民警300余名，800余名解放军、武警官兵，以福民街为重点，辐射四周厂矿、单位、乡村进行大规模的地毯式搜查，并再次对环保、卫生、防疫部门提出要求，发现中毒情况立即报告，24小时进行水源监控。

25日13时，路、地联合专案组在嘉峪关铁路自建房62号的地窖内发现1桶氰化钠。与此同时，振奋人心的消息从酒泉市公安局传来：25日晨，窃贼迫于强大攻势，惊恐万状，仓皇出逃，把2桶氰化钠装在麻袋里，抛弃在312国道旁的酒泉市公安局看守所门口，早晨7时被该所民警发现。

至此，700公斤氰化钠已全部追回。眼睛布满血丝的民警们看到剧毒品对社会的潜在威胁被消除，心中有说不出的高兴。但犯罪嫌疑人还没有全部到案，紧张的追逃工作正在紧锣密鼓地进行。当晚，又将抛弃毒品的案犯付刚缉捕归案。

剧毒品被盗笼罩在嘉峪关市民心头的阴影已经消除，市民奔走相告，群情激奋。

六

经过7天7夜的连续奋战，这起特大剧毒氰化钠被盗案终于告破，戈壁钢城又恢复了往日的宁静。

破案功臣堪称。可功臣们一点儿也兴奋不起来，采访他们有何感想，他们颇有感触地总结起教训来：剧毒品运输的通报、押运、安全防范等没有形成严密的制度，外来人口管理机制不健全，租房、借房没有一套完整的管理体制，运输部门工作责任心不强……这些都是亟待解决的问题。

警方呼吁有关部门加强对剧毒品运输的管理和暂住外来人员的管理，健全机制，提高运输工作人员素质，强化责任意识，以免再发生类似的案件，造成不可挽回的损失。

围剿盗贼

1996年8月8日，武威铁路分局文化宫礼堂内一片肃静，人们屏气凝神，静听着法官的庄严宣判：判处盗窃铁路运输物资价值近40万元的特大团伙首犯陈旦娃、冯云死刑，剥夺政治权利终身，立即执行；判处主犯王五中、马白克来、李白福死刑，缓期两年执行，剥夺政治权利终身；判处从犯石虎祥、邢定才、赵全无期徒刑；判处胁从犯王自忠有期徒刑8年，窝赃犯鲁希鹏有期徒刑3年。

随着两声清脆的枪声，这个作恶多端、负案累累的特大盗窃团伙在正义的宣判下，宣告了彻底覆灭。

沿线告急

时间回溯至1995年六七月份，武威铁路公安处管辖的金昌一武威南区间连续发生货盗案件。特别是金昌一宗家庄、红林一截河坝区间，犯罪分子的盗窃活动尤为猖獗。据统计，自1995年5月以来，犯罪分子在这个区段先后盗窃作案21起，盗窃运输物资20余种，价值数万元。针对这种情况，武威铁路公安处及时抽调警力，采取两头堵、区间卡、车上押的方法进行重点治理。但由于犯罪分子活动诡秘，没有取得明显成效。

夏日的西北戈壁滩上，白天酷热难当，但晚上的气温常常在10摄氏度以下，艰苦的条件和恶劣的气候时刻考验着民警的意志。专案组民警没有被这些困难吓倒，他们频繁出没于案发地区周围的农村、公路、田间、地头，调查可疑人员，摸排嫌疑车辆。

时间在一天天地向后推移。民警们在这个人烟稀少的戈壁滩上潜伏了近一个月，但连日来，铁路及周围的村庄十分平静，平静得让人觉得非同寻常。指挥员在认真分析了犯罪分子的作案规律后，认为这种非同寻常的平静背后，肯定隐藏着更大的阴谋，于是果断命令沿线各守候小组继续伏击，坚持到底。7月26日，犯罪分子再次将魔爪伸向铁路，掀盗旅游鞋、百货等价值数万元的铁路运输物资，被我民警发现后，在追击过程中犯罪分子驾车逃逸。犯罪分子气焰之嚣张，活动之猖獗，达到了无以复加的地步。

货盗警报频频拉响，武威铁路公安处拉开了围剿盗贼的大网。空气又一次骤然紧张起来，从铁路到公路，从沿线到戈壁滩，处处弥漫着一种临战的氛围。

初战告捷

7月27日凌晨4时，狐狸终于露出尾巴。在通往武威市洪祥乡河滩上，一辆乳白色日野牌加长载重卡车隐隐约约驶进了民警们的视线。民警马上联想到7月26日晚运赃的那辆车。指挥员当即命令：出击，挡车。专案组民警跃上路面，命令停车。但该车驾驶员置若罔闻，仍将车飞速开来。眼看就要冲过去，民警果断鸣枪示警，该车司机才迫不得已停下了车。民警们立即攀上车顶和驾驶室检查，随即从车上一个提包内搜出钳子等作案工具及一双白色旅游鞋。该旅游鞋的品牌、产地、号码、做工都与7月26日晚被盗旅游鞋相同。

民警们立即审讯4名嫌疑人。经过10个小时的反复较量，4名嫌疑人的心理防线彻底崩溃，交代了他们去预定地点接赃的事实、同案犯情况和联络方式。27日下午，民警直奔武威市亚欧宾馆，捉拿同案犯。16时左右，亚欧宾馆大门走进4个人。专案组民警巧妙地运用联络方式，仔细辨认后，确定此4人正是前来接赃的同案犯。身穿便装的民警立即尾随而上，装作若无其事的样子慢慢靠近他们，然后以迅雷不及掩耳之势将他们按倒在地。等他们回过神来，4副铿亮的手铐已紧紧地箍在了他们的手腕上。

这一次闪电行动，将陈旦娃、马白克来、李白福、邢定才、石虎祥、王五中等犯罪嫌疑人抓获。

沆瀣一气

这是一个由27名成员组成的特大盗窃团伙，团伙成员大多数是农民。他们之中大部分人也曾有过勤勤恳恳、辛勤耕作、用劳动换取果实的日子，但看着村里的人一个个富了起来，他们再也坐不住了，地不种了，田不要了，整天一门心思琢磨起发财的门道，最终一发而不可收，他们滑向了犯罪的泥潭而不可自拔。

1995年6月，陇西田云乡农民陈旦娃等3人窜到武威，碰上曾在陇西结识的临夏广河县的马白克来，他们密谋在武威一带的铁路上大干一场。经过策划，他们制订了详细的盗窃计划，对盗、运、销各个环节仔细斟酌，并进行了分工：盗窃、运赃联系本地农民，销赃渠道由马白克来负责，由他长住武威市某厂招待所（后转移至亚欧宾馆）坐地收赃，然后打电话给广河县三甲集镇一私营旅社，由那里的人联系汽车前来提货，一手交钱一手交货，而后三甲集镇方面的人将赃物运到当地进行销售。

为了做到万无一失，他们还多次踩点，选择罪案最佳点。陈旦娃、石虎祥等3人坐汽车顺312国道向西走，在武威市丰乐镇下车，沿铁路线步行，最后确定了地处戈壁滩、四周无人烟的截河坝—红林区间为一号掀货地点。这里的土路南接312国道，北通武威市洪祥乡，交通便利，易于运赃。另外，他们还选择了宗家庄—金昌站区间为二号掀货地点。这里地势低洼，两面环山，隐蔽性好，并且还有几处铁路、公路相汇的立交桥及废弃的平交道口，省道212公路从这里通过，便于作案。

在这期间，他们结识了当地农民冯云、鲁希鹏。在金钱的诱惑下，将他们拉下了水，由他们负责运赃、窝赃。同时，另一个团伙的首要分子邢定才也被他们吸收入伙。1995 年 5 月，以陇西县云田乡农民邢定才为首的 5 人盗窃团伙窜至武威，雇用武威市农民赵全的农用三轮车，在截河坝—红林区间盗窃水洗麻纱、男女皮鞋、床罩等价值达 3.4 万余元的铁路运输物资，在急于寻找买主时碰到了冯云、陈旦娃、马白克来一伙。

两伙窃贼认识以后，分别窃盗，共同转赃、窝赃、销赃，朋比为奸，大肆作案。后来，由于团伙内部矛盾，邢定才加盟陈旦娃一伙。内部基本稳定后，陈旦娃一伙开始大规模的行动，一辆天蓝色的方圆牌农用汽车奔跑于掀货地点至武威之间。一辆乳白色的日野牌大卡车穿梭于武威—广河区间。铁路大动脉在这伙盗贼肆无忌惮的盗窃下战栗不止。8 月 1 日，专案组民警费尽周折，将嫌疑人冯云、赵全、鲁希鹏抓捕归案。

乘胜追击

案犯一个个落入法网，侦破工作取得了重大突破。专案组民警们还没顾上松一口气，艰巨的任务又促使他们踏上了新的征程。他们乘上东去的列车，前往广河县调查取证、追赃捉人。

地处陇西高原西北方的广河县是一个经济比较落后的地区，这里沟谷纵横、丘陵密布，自然条件恶劣，交通十分不便。专案组民警调查取证时，遇到了重重阻力。一则人生地不熟，语言不通，给调查取证带来一定困难；二则所要查找的案犯，同一姓名的能找出几十号人，上至 60 岁的老人，下至几岁娃娃，有男有女，查找起来煞费周折。专案组民警数赴广河，历尽艰辛，毫无收获。但他们并未灰心，他们又移兵云田乡，在那里开展调查取证工作，但困难依旧重重。在陇西县公安局和陇西车站公安所的支持下，专案组民警了解到，去陈旦娃所在的石家门村追赃取证阻力更大。

这个村坐落在陇山半山腰，山下一有陌生人进村，山上的放羊娃立即就去村里报信，那漫山遍野的窑洞和千沟万壑的地形可随处藏身。就是在这种困难重重的情况下，专案组民警硬是凭着百折不挠的精神和英勇果敢的勇气，一举查清了陈旦娃、王五中等人于1992年4月至1995年3月采用打开车门、到站掀货、车下接应的手段，分别在黑窑沟、乌龙沟、二十里堡、柯劳川、石家门村等地方，盗窃白布、轮胎、棉花、铅锭、收录机、羊毛、洗衣机等价值9.4万余元的铁路运输物资的犯罪事实。

1996年2月13日，陇西县公安局出动20余名民警，历尽艰辛，克服重重阻力，将负案在逃犯王自忠抓获，并电告武威铁路公安处并案处理。从而，为侦破“7·26”特大盗窃团伙案画上了圆满的句号。

骗你没商量

午夜搜捕

1998年9月10日凌晨的金昌市河西堡镇，阑珊的灯火辉映着美丽的夜色，火车高亢的汽笛鸣唱着平安乐章，多么平和而美好的夜晚！

2时许，一辆出租车疾速驶入金昌火车站广场，车还没停稳，有两个人就风风火火地奔向火车站候车大厅。二人向执勤民警报案，他们的1000元现金和2000多元食宿费，在金昌市被一名叫张务虚（假名）的北京人骗走，估计是坐火车东逃，请求铁路公安查找骗子，挽回损失。

金昌铁路公安派出所立即安排警力对车站区域有关处所进行清查，

两个小时后，民警崔万选、张兆明、王金良在金昌公寓找到了正在蒙头大睡的张务虚。经过一番较量，张对诈骗事实供认不讳，并交代了另外两起诈骗案……

房产骗

张务虚原籍山东烟台，现居北京市海淀区，1986年因诈骗罪被北京市东城区人民法院判处有期徒刑5年，1990年12月出狱后有所悔改。渐渐地，好逸恶劳的他嫌这种生活费事又不来钱，他非常怀念以前那种动动嘴就来钱的好日子。

机会终于来了。1997年11月的一天，海淀区的杨某迫切想要一套住房，但是价格低、居住面积大和方位适中的房子不好找，张务虚听说后，主动找到杨某并满口答应下来。作为老熟人的杨某知道他两个胞兄弟在北京的房地产公司担任要职，得到他的承诺等于房子的一半到手。没几天，张务虚找到杨某说："给我5万元现金和身份证，我给你去办房证。"杨某大喜过望，当即到银行取出现金，如数交给了张务虚。

正当杨某做着住房的美梦时，张务虚早已乘飞机到了重庆。直到1998年9月10日，当铁路民警通过张务虚提供的电话号码找到杨某时，他才如梦初醒。他没料到不到一年工夫，张务虚从北京行骗至西南，又骗到了西北。

连环骗

张务虚飞到重庆后住在重庆宾馆，大款派头十足，出入有专车接送。慢慢地，他和一个42岁的女出租车司机张某混得很熟。张某感到这个比自己小7岁的北京人不但有钱，而且谈吐不凡，至今还是单身。她想，像她这种单身女人，要是有这样一个可心又可靠的男人，后半辈子也就有保障了。于是，她对他倾慕有加。

一天，她开车和他去重庆港观看河港夜色，玩得很开心，她自然而然地邀请他去家里做客。这一夜，他们各怀心事，都没有睡好。次日，张某对他说："反正我这房就我一人，空着也是空着，你不如搬过来住，谈生意也方便些。"送上门来的好事，张务虚当然答应。

张务虚在张某家里一住就是半年，半年中他过上了舒服的日子。张某常常早早收车回来，间或回晚了，张务虚就陪她上饭馆，在别人眼里，他们是令人羡慕的一对。

1998年6月23日，张某要去广州办事，她把家里的钥匙交给了张务虚。张务虚盘算着5万现金已经挥霍得差不多了，再要住下去就要露馅儿了，这次可是个不辞而别的绝好机会。他翻箱倒柜地想找点儿什么，意外地发现了张某的房产证。24日，他谎称做生意急需用钱，通过张某的弟弟找人去借1万元现金。熟人正在犹豫时，他拿出张某的房产证说："要感到为难，我将我们的房产证放您这儿，到时候我拿钱来换。"对方见状爽快地把钱借给了他。

在派出所的审讯室里，张务虚夸耀似的说："实在没有心思再骗她，骗她都降低我的智商。"

外商骗

张务虚又携骗来的钱来到了四川乐山，在这里，他认识了甘肃金昌农垦公司的赵某和金昌的个体户张某。他自称是日本井立京志皮革株式会社中方总代理，寻求合作伙伴，赵某和张某热情地欢迎他来金昌考察。张务虚矜持地答应了他们，说一个月后他会去的，并相互留下了联系地址。

1998年7月24日，张务虚如约来到了金昌，住在赵某家。张务虚自称他拥有一千万元的支配权，并指着手中的大哥大真皮包煞有介事地说："这可是无价之宝。"（实际里面塞着两件破衬衣。）在赵、张的安排下，张务虚过着神仙般的日子。他心中暗自得意，西北人就是好骗。

9月7日，张某张口向他贷款了。张务虚一边用牙签剔着牙，一边漫不经心地说："给你贷10万，先拿1000元定金和你的身份证，我到银行去给你办个信用卡，之后，我过一下账，把钱打到你的卡上就可以了。"张某如领圣旨，当天就去筹款，第二日就送了过来。9日下午，他来取信用卡，张务虚说："定金和身份证我已交某银行，他们正在办理，还得等两天，这是信用卡资料。"他拿出几张"长城卡"宣传品递给了他，张某将信将疑地回去了。路上，他越想越不对，这个"日本鬼子"连个"大哥大"也没有，从没见他出过一分钱，是不是个骗子？于是他到张务虚所说的银行去查询，银行职工告诉他："今天确实有个外地人来询问办理长城卡事宜，他拿了几张宣传品就走了。"

张某心想不好，返身往赵某家赶。赵说："张老板出去好一会儿了。"张某气急败坏地说："什么狗屁老板，纯粹就是个骗子。"他如数将自己的疑点讲给他听，赵说："是啊，刚才我问他贷款，他也是这个说法，幸而我和老婆的身份证都没找到。"

他们立即向金昌市公安局报案，并当即拦了一辆出租车向30公里外的金昌火车站赶去，并向该站的铁路公安民警报了案。铁警两小时就抓获了张务虚，从他身上搜出一张9月10日上午10点25分开车的金昌—西安的K368次车票。张务虚没想到甘肃的铁路公安可一点儿都不含糊，自己的美梦还没做完就结结实实地栽了。

在市场经济的大环境下，诈骗分子往往是利用人们的求钱省事、一本万利、一劳永逸的心理来行骗术。在金钱的诱惑下，有的人骗人，有的人被骗。骗子自有法律对其严惩，但那些被骗的人是不是应该有所醒悟：在谨防上当受骗的同时，更应该以劳动致富，以汗水和能力，努力创造自己的社会价值！

南站交响诗

——献给武威南站场改造的建设者

序曲

欧亚大陆桥穿过苍茫的西北戈壁大野，在古凉州的武威南车站稍作停留，又扑入莽莽苍苍的夜色中。南站灯火辉煌，四架高大的灯桥和三色信号灯、站灯，把车站映成一座夜之港，夜港的航线就是锃亮的钢轨和接触网主线。繁忙的施工大军使十里港湾难以平静，这座兰新复线上的咽喉车站的站场改造，是兰州铁路局管内投资最大、延续时间最长、施工组织最难、干扰最严重、技术最先进的一项工程。这座中国铁路

46个编组站之一的车站，在1995年经历着一场辉煌的启动。

1994年9月16日是个不平凡的日子，兰新复线正式开通，标志着西北铁路新世纪的到来。原设计编解能力只有3660多辆的武威南站，在与日俱增的车流面前，迅速达到了饱和，复线的运量与南站的运能间的矛盾立即凸显出来，仅有14股道到发线、13股道编组线和7股道的站修线的武威南站，吞吐量变得极度有限，站外的车不能及时接入进来，沿线中间站一路压车，等待着武南车站的进路信号和命令，蜗牛式的一站又一站地挪动。

复线不能再等待，南站人不能再停留于过去的荣光。面对历史性的机遇和挑战，南站人挑起了站场改造的重担。经过一次次可行性论证与紧迫性的论证，1995年1月6日，新年的钟声里，兰州铁路局正式下达了投资3.28亿元、对武威南站进行改造的通知。

具体地说，新建线路25.575公里，联络线13.057公里，拆除线路14.068公里，新铺道岔80组，拆铺道岔46组，新建3个信号楼，改造一个信号楼，站场由一级三场变为二级四场，单推单溜的非机械化驼峰改造为双推单溜的半自动化驼峰，点连式的调速系统将代替铁鞋制动的落后方式，编尾电气集中将结束人工扳道的历史……

南站人一片欢呼，武威铁路分局一派新任务在岗的气象。如此大的投资，如此大的工程，意味着武南站将启用最先进的设备进行最彻底的变革，连历经30年风风雨雨的老铁路也惊叹：这是一场空前的大手术！

决战交响曲

南站的站舍建于1992年，是座哥特式与拜占庭式建筑的混合样式，现代材料应用于西式建筑产生了古朴典雅、肃穆雄浑的艺术效果，并象征着欧亚大陆桥的开放格局。

6月21日，早晨8点钟，三楼会议室里充满了激昂的话语。“车站到决战阶段，我们怎么办?”站长赵文新的话音一落，一个个请战的声音响起：“哪里最困难，让我们到哪里去！”“请把最艰巨的任务交给我们！”南站的动员和誓师大会，把责任和速度呼唤，普通的口号道出了南站600多职工坚定必胜的信心，南站交响诗最宏伟的乐章——决战交响曲奏响。

参战者的心绷得很紧，血流得很快，赵文新的声音如鼓槌一样振奋着他们：“在行车设备及作业方法每时每刻处于动态变化的情况下，我们保证了安全和畅通，付出了很大的代价。但是，新设备的开通使用后故障时有发生，仅6月上旬，共发生设备不良因素就有68次，全部影响累计达69小时25分，造成列车晚点9列。南站要获全胜，需要高效率和高质量的工作方法……”

智慧的南站人以动态的策略应对动态的变化，以自信的态度攻克道道难关，决战是智慧运筹的博弈场，是技术和对策的实战演习：安排专项的日常运输指挥及宏观调控；论证五个新的行车办法，详细规定各项行车工作；详细安排各场接发列车，均衡车流；请求分局协调，组织直达列车，减少编组作业；配发对讲机与无线电台；每天召开碰头会，分析问题，改进施工方案……

武南车站对站长赵文新的策略进行了整体的检验，以实践论证速度和效率，以事实说明才能和魄力。捷报频传，6月22日，西咽喉改造结束。几乎是一昼夜间，车流很快得到疏解，沿线的压力如狂潮巨澜从南站一泻而过。6月26日，北场开通，南场锣鼓喧天，号角长鸣，激战了半年的南站人赢得了站场改造第二战役的全胜，站台上的庆功会把忘我的奉献精神高扬。

风雪的合唱

赵文新坐在主席台上，心潮澎湃，往事历历在目。

1995 年 3 月，正在站场改造整体启动的时候，他走马上任，就任武南车站站长，担负起武南站继往开来的重任。3 月正是冬春交战的季节，3 月 23 日，第一场雨雪交加的天气，给施工的人们一个措手不及，西北风夹着似雨似雪的水线打得人头皮发麻。10 点 49 分，144 次客车刚刚启动，还未出站，就在一串刺耳的制动声中紧急突停，接着机车发出一长三短的紧急警报信号。正在开会的车站领导们被吓了一跳，站场改造的复杂情况，使他们对安全工作特别敏感，他们把目光集中于赵文新身上。对讲机报告“新建的兰武疏解线立交桥出现了塌方”。兰武疏解线是 6 月 12 日开通的，开通后出现的故障多是新设备故障，施工质量的故障还是第一次出现。

怎么办？众人的目光又一次集中到赵文新身上。他沉着地下达命令，封锁东咽喉，东部所有的加岗人员严把区间空闲、闭塞、进路准备三关，分道岔、分线路严密动态控制，有情况随时报告，以对讲机联络。接着，他通知车站值班员，命令 144 次客车退回站内，转到南场，使用路票发车。最后他转向与会者，具体分配了各自的工作，他带着自己的一班大将扑入雨雪茫茫的站场之中，他边走边用对讲机向各有关部门的班组长传达抢通的具体布置，并向抢险预备队发出火速赶赴现场的命令，向施工单位传达了武南车站抢险指挥小组的决定：凡无计划、无安全措施、无施工领导人、无充分准备及施工人员未培训的施工队，均不准施工，车站各咽喉、各道岔、各股道、各要害部位的加岗人员有权拒绝“四无”施工。武南站按照统一步调进行运转。

在铁路局正式命令下达之前，外围施工早已开始，主要是土方和路基工程。武南的冬天是西北风横行的季节，元旦前夕正是冷极了的“三九”，滴水成冰，道路冻出了裂缝。承建站场改造的兰铁工程公司的先行部队，已在南站东部安营扎寨。赵文新为他们不畏艰苦的精神感动过，但也为工程的质量担忧过——担忧立足于起码的“冬冻春融”的季节规律——根据今天的情况看，担忧不是多余的，为了南站的百年大计，应当超前预想，据情调整，否则遗憾就会留给南站人自己。

下达完命令后他沉默了，也暗地里铆足了劲儿。10 分钟后，吉普车到达现场，接着抢险预备队到达，施工单位负责人到达，抢修工作已开始。听过东咽喉值班人员的汇报，他脸色铁青地在雨雪中察看立交桥、兰武、干武两线道岔和周围情况，并与施工单位领导商议处理方案。一名副站长报告 144 次客车已转到南场，准备发车，517 次、69 次客车和 3 列直达列车在头坝河与上腰墩开过来了。他留下一名副站长指挥协调立交桥抢通东咽喉事宜，带领其他人到工棚里研究部署缓解工作。

144 次客车安全开出，69 次、517 次客车先后接入南场，撤回的人马配合客运人员，组织上车的旅客翻越北场，编组场在南场乘车，又统一带领下车的旅客从南场穿过编组场转到北场出发。疏散完旅客后，直到把兰武到发列车转编到南场，他才带人撤回站舍。打量一同参战的人员，雨衣上都结了薄薄一层冰，衣帽的边际都凝满寒霜，他们相视一笑，6 个多小时就这样过来了，肚子都提出抗议了。他用对讲机通知东咽喉指挥长把在岗人员的情况报上来，并让总工程师带领后勤组赶去增援、送饭。

又是 10 多个小时，直到现场的指挥员在回赶的车上用对讲机向他汇报修复工程完毕的情况后，他才长长地松了口气。当他们赶到站长室时，发现他趴在桌子上睡着了，旁边放着新拟订的《安全生产与运输畅通的风险抵押奖惩办法》及本次抢险过程中的奖惩人员名单。

热情的快板

南站的站场改造迫切需要魄力和才能，需要打破大锅饭、讲求效率效益的新观念，需要“万里乘风去复来，只身东海挟春雷”的气概。赵文新上任开始，就从“管理、效率、纪律、作风”四方面整顿车站，在站场改造中边整边改，把站场改造变作南站人灵魂改造的工程。3 月 23 日故障排除之后，他亲自审定了施工安全及临时作业办法 70 个，提出了“人尽其责、人出其力、人得其所、责任共担、效益共享”的新思路，首先对武南车站无人敢管的不服从生产指挥、酗酒打架、在岗不负责发生严重事故苗子的 11 名职工进行了严肃处理，责令其班组长及支部书记帮助教育整改。接着，他清理了职工拖欠车站的款项。他在职工大会上提出了让人深思的问题：武南车站要跨入新世纪，如果我们的领导干部不能正确发挥指挥和控制作用，不能站在安全的制高点思考问题，不能发挥高度的主人翁责任感，更新观念，那我们必定落于同行。如果我们自身没有一种危机感存在，那我们必定会被时代所淘汰。他的话引来了热烈的掌声，人们在一种无形的力量推动下努力工作，一有空闲就讨论他的施政纲领，车站充满了众志成城的感人气象。

面对人员奇缺的形势，他提出了“向素质要人力”的口号，原来一个班需 6 人才能干完的活，现在由 2 人承担并要完成。在车站停止休假，推迟实行“五天工作制”的情况下，职工们不分上下班、不分分内分外帮着干、争着干。信号楼是车站最忙碌的地方之一，在施工处于动态变化的情况下，这里是车站的枢纽。每人负责一项指挥事宜，干部职工们带饭菜坚持在岗，但一分钟也难以安静的电话，使他们根本没法把放在眼前的饭菜吃上一口。常常是一个值班员脖子上架着两部电话，手里拿着两部对讲机，口还对着控制台话筒，同时向五六个方向传答。

站场改造整体上是先区间、后车站，并从边设计、边施工、边立新、边拆旧的动态过程中进行，保障运输安全的工作难度很大。5 月 21 日是个星期天，18 时 30 分抢险预备队员刚刚下班去吃饭，刚过了 20 分钟，到达场 112 号至 116 号道岔发生故障，到达场西咽喉的所有作业受到了影响。警报信号又响起来了，还没吃饭的抢险队员们一听警报就向车站奔来，休班的干部职工从各住宅区赶来，只见 4 位站长在那里手摇道岔，硬是让列车正点开出，硬是把卡在站外的列车接了进来。他们看在眼里，记在心里，换下满头大汗的领导，继续按计划指挥行车作业。

轰轰烈烈的站场改造使南站人爆发了前所未有的热诚和主人翁精神，赵文新自上任以来就没有回过金昌，一天早晨爱人从家里打来电话委婉地责备道："丢下我们娘儿俩没人管，女儿的学习都退步了。"他仿佛刚从闷罐车里走出来，呼吸了一口新鲜空气，轻声说："那边全靠你了。"在进入决战阶段的 6 月，退休职工也纷纷要求参战，职工们只要下班过点儿，家里人立即把饭送到车站，说："让我们也上吧，南站的改造是我们共同的愿望和责任。"

南站的改造把两代人紧紧相连，深邃的祁连山，以他博大的情怀哺育了老一代平凡而又伟大的西部铁路工人，如今，又深情地培育着新一代铁路人的茁壮成长。

辉煌的乐章

职工代表在发言，庆功会气氛热烈，赵文新的思路抚过站场改造的每个环节，他深深地为南站的这班人马而自豪。如果没有这班团结有力的大将，怎么带出一支能打硬仗的队伍？如果没有一支坚强的队伍，怎能做到遇险而不惊、临危而不乱？

他明白，权威不只是权力，更主要的是使人信服的专业水平、快速准确的决断力、较高的个人威信。知识就是力量，关键是要最大限度地调动各方的人才去施展本领，形成八仙过海、各显其能的局面。5 月 25 日 18 时，南站在紧张的“三保”工作中迎来了无一切行车事故 500 天的好成绩。他变得更为自信，更为执着。他决心把南站带上一个高度，带出一流水平。

庆功会表彰的陈永华是车站的助理值班员，5 月 21 日 21 时，他去到达场准备接 753 次列车，刚翻越过几个股道后，远远看见接触网导线断开脱落在 7 道的道心，这时的 753 次列车头部已进入到达场东咽喉，情况万分紧急，向上请示汇报已来不及，如果不采取有力措施，就会发生大事故。他立即显示停车信号，并用无线列调不停地呼讲停车，但回音是空杂音。“为什么不停车，是不是无线列调压台了？”他边想边跑，拼命地挥着红色信号旗。刺耳的刹车声带着火星，一阵隆隆的巨响后，那条长龙蜷伏在半道。司机鸣笛向他致意，无线列调传来应答的声音，他那颗跳到嗓子眼的心才怦怦落到实处：好险，只有 300 米！

赵文新的讲话令南站的职工回想过去，面向未来，让人感到一种感情上的沟通，精神上的理解。

南站在原来荒凉的西部小镇走过的34个春秋，正是南站人“献了青春献终身，献了终身献子孙”的光辉写照。长年在恶劣的自然环境中，与天斗、与地斗，在平凡的岗位上，辛勤地铸造人生的价值，使武威南车站由一个规模不大的三等小站，逐步发展成一个一等编组站。巍峨峻峭的祁连山下，震响着南站人钢铁式的铿锵步伐，高大挺拔的南站新站舍和灯桥楼塔，注满南站人万难不屈、敢打硬仗、志在必胜的信念。而站场改造，同时改造着南站人的思想和觉悟、信念和意志，以战斗的凝聚力感召着忘我的奉献精神。随着每组道岔的摇动，每一条进路的排列，每一个信号的显示，无不与无私奉献、顾全大局的精神相连，无不和上下一心、前攻后保、坚定不移的群体力量发挥相连，无不与艰苦奋战的创业精神相连。这哪里仅是站场改造，而且还是南站人顽强拼搏精神的锻炼。这哪里仅是车辆的编组站，而是南站精神和技术、开拓与创新、新思维新观念的编组站。安全生产的长河没有停靠在码头，只能乘风破浪，勇往直前。当最后一个战役——编组场改造结束后，现代化、标准化、文明化的武威南车站将出现在我们面前，展现南站人的风采！

赵文新讲得很动情，职工们也听得很动情，除机车的鸣响外没有一点儿杂音，铿锵而上的声音响遏行云，会场中掌声雷动。

尾　声

1995年12月23日，南站站场改造主体工程在确保安全的基础上全部完工。年底，南站被兰州铁路局授予全局“优秀企业管理单位”和“全局安全十面红旗”的荣誉称号。1996年2月29日，南站取得了历史以来安全生产最好成绩780天。

跋
和战友们共享筑梦时光

漢　子

贵州省公安厅指挥长李淞是我的同学，他原来在贵阳铁路公安处任职，他要我给战友们讲述一下60后、70后的铁路警察筑梦的时光。说实在的，这个题目有点儿大。我只能从我自身和郑州铁道警察学院的校友们的经历，简略地谈谈。

我们知道，贵州处和武威处是2014年12月26日同时跨入高铁时代的，我们都是老少边穷或者是不发达地区。跨入高铁时代，意味着打破制约经济发展的交通“瓶颈”，发展进入快车道，而贵州处随着6月18日沪昆高铁的区段开通，以西南要害贵州为枢纽，发往全路各大站的动车将如井喷式地开行。2016年年底，贵昆段高铁开通后，祖国的西南发展肯定超越西北甚至部分内陆地区。在飞越发展的路上，贵州处的战友们现在已经有所付出、马上要大力付出、将来要全身心地付出，真正的任重而道远。

我们这代人，是唱着《年轻的朋友们今天来相会》开始做梦的。当时正值20岁左右，有“光荣属于八十年代的新一辈”的使命，有“指点江山、激扬文字”的气概，有“困难与发展并存，挑战和机遇共在”的改革开放的好氛围。那时的社会新事物层出不穷，但是发展缓慢，可以这样说：老一代人打下的江山和持续发展的底子，需要我们这代人挑起建设的重担，切入到我们铁路公安行业，需要我们去巩固、保卫建设的成果。而我们却是壮志凌云、起点太低——多数是当兵转业和中专、初中的文化底子，许多人刚刚解决了温饱问题。记得我第一个月的工资是138元，这种水平持续了一年，定职后翻了一番。从这个角度讲，现在大多数的年轻战友赶上了好时候。你们的文化底子比我们厚实，经济基础比我们扎实，梦想也比我们高远并且多彩，尤其是社会的各个方面都为发展提供了舞台。想一想在这个可以使你们大显身手的时代，将来你们健康成长起来后，我们铁路公安的未来将会很美好。

筑梦，要从起点和基础开始，要从消除梦想和现实的差距开始，要从平平凡凡的日常工作生活积累，要从结合自身实际自己反复探索、不断明晰、正确定位、努力奋斗，这样才能达到目标。而每一个目标的实现，就是梦想筑造并实现的一步。

也许你们的起点是公务员考录，许多人是为了有个工作，才干起了铁路警察，而我们的起点是通过高考穿上警服的那时。要追溯更远点儿，我们这一代铁警，童年时代就有个警察梦、警察情结。我们的基础除了警院所学，还有的就是一腔热血。和你们一样，当我们发现工作就是反恐维稳、安全保卫，就是接车送车、维序查危、巡逻巡线、驻区驻站、联系群众、检查督导、助民帮扶等，现实粉碎了一些不切实际的空想，那电影镜头下的激情与豪迈，需要在现实生活中创造。

太平凡无奇了，感觉与脑海中的惩恶扬善、智勇双全的理想形象差距实在太远，感到这种活儿只要是个四肢健全的人都能干，还要我们警察干什么？

我们是铁路警察，我们就是要打击犯罪、扶正祛邪、排除险阻——大家可能会这样想。

这不是对错的问题，这是总体价值目标与客观现实的差距。可以说，这个差距永远不会消除，但这个价值每个人都在通过不同途径实现。

刚入警的战友与大学同学一比，会发现存在各种差别。有的人高高兴兴在干，有的人遮遮掩掩在装，也有的人既来之则安之。理想和现实天生就是冤家，谁都得经过“少年维特的烦恼”，谁都得审时度势找出一条适合自己的路径。

任何容易得到的，都不会被珍惜。只有经过自己的选择、努力获得的，才会有小梦成真的成就感，才会有珍惜当下继续努力的内动力。做生活中的有心人，心思放在哪里，在哪里就会闪光。你努力了，组织发现了你的潜能和价值，你就会脱颖而出。道理谁都懂，做到不容易。

现在铁路大发展，铁路治安与过去相比也许是最好的时候，许多地方没有多少案件，让你大显身手的机遇并不多，更多的是通过平凡无奇的工作，防止案件发生，确保铁路安全畅通。

在我们铁路警察队伍中，确实有一部分战友在从事着刑侦类工作，但是他们不到我们队伍的十分之一。这不到十分之一的力量，是从我们大家中精选出来的。因为其危险性最大，需要有坚忍不拔的意志、坚强有力的体魄、灵活多变的处置能力、过硬的专业素质。而这些素质的练成，需要学习，更需要日常工作的磨炼和从平凡无奇的岗位上展现能力。许多能力不是先天具有的，而是来源于勤学苦练，来源于实际工作。

我们这代人从过去走来，许多年轻的战友看到了我们现在的风貌，却不知途中我们的彷徨。许多同龄的战友听到有人在夸夸其谈，生气地说：“要是我当初……哪轮到你在这里聒噪？”

这种情况是个普遍现象，姑妄说之，姑妄听之，我的态度是：要让别人说，要给别人台阶。我自己对工作和生活的体会是：认识自己，把握当下，立足现实，从小事做起，达到目标；达到阶段目标，不断更新，接力前进，才能达到更高的目标；做人做事扎扎实实，有梦想，有努力，有思想，才能有作为。坚守，是铁路警察最美的品质！

俗话说得好：吃得苦中苦，方为人上人。我不认为做官任职就意味着成功，在平凡的岗位上体现自我价值，得到社会的承认也是成功。

我的同学中，有在政府部门、路地公安机关、铁路单位各层次任职的，有在政法院校任教的，有下海经商发财的，有在基层默默工作的，有在机关编造文件的，有在专业领域搞研究的，有在高层指挥决策的。因选择不同，努力不同，结果各异，这是社会的选择，更是个人的选择。

2015 年 5 月，我在柳州参加了全路公安机关文学骨干培训班，呼和浩特局的贾文全、北京局的李小重就多次获得过全国性的文学大奖，但是他们都是我们基层的民警，谁说在基层干就不会发光？关键就是要正确认识自已、选择适合自己的方向、持之以恒努力，是金子迟早都会发光。这种例子实际上举不胜举，我们身边就有很多励志榜样。

柳州培训之后，我第一次到贵阳，切身感受了贵州美丽的风光和同学战友的情谊，真实地感到“贵阳处是路地公安机关协作最好的地区”，如黄果树瀑布一样名不虚传。贵州人杰地灵，过去因交通不便，信息闭塞，文化发展滞后了，但是随着“一带一路”国家战略的实施和高铁的发展，不久的将来，贵阳将成为西南不次于成都、重庆、柳州的交通枢纽、文化中心。贵阳处的战友们，赶上了经济文化发展的快车道。西部开发，你们会走在我们西北的前面，我祝福你们！

讲了半天大道理，你们也听烦了，因我很笨，又不会说话，坐而论道不是我的强项。我的强项就是“码字儿”，和一个民工没有什么大的差别。如同他们盖楼时码砖头一样，我把文字如砖头一样组合起来。从 1985 年开始，我就喜欢上了这个体力活。

我是农民的儿子，我不怕吃苦。当时，我在甘肃省永昌县一中上学，一个命题散文引起了我的兴趣。我将故乡的老人头水库写在了作文里——就是我的散文集《乐园》封面上的那个风景——结果变成了范文在班上交流，后来参加了永昌县中学生作文比赛获了奖。用永昌方言讲，就是“没有防住成了文人”。这无意插柳，成了柳树成荫的先奏。

几个班上的文学爱好者组织成立了《末流》文学社，“正儿八经”地写起了文章，不时地出个手抄刊，搞个“地下活动”。1988 年 9 月我考入郑州铁道警察学院的中专部，两年求学，我就干了三件事：博览群书、交流体会、写作。我把学校图书馆三分之二的藏书看完了，三天一本诗歌散文、一周一本小说、一月一本理论专著，上课看、课后看，同学们玩、睡觉时，我还在看。每天晚上两点前没有睡过觉，可以说达到入迷的程度，宛然是个书呆子，做的读书笔记现在都有一柜子。

周末的时候，我与老师申智军、李冠一起喝酒论道，彻夜畅谈，消化疑问，之后乱七八糟的什么都尝试着写，毕业时一直没有发表过任何作品，但是自己编了一部诗集、散文集，写了一部中篇小说。1990 年 9 月上班后我继续写作，尝试着投了几次稿都石沉大海。我觉得我真笨，如一个老鼠打洞，打了五六年还没有打穿一面墙壁让我透透气；但正是处在这个洞里，我无法返回，我想我再笨也总能打穿这个“铜墙铁壁”。那时的我，多么渴望自己的钢笔字能变成铅字啊。我苦苦思索出路，从戈壁的玉门关外回到铜奔马飞出的武威，从线路民警变为一名看守民警。那时候有的是时间，上班写下班写，差点儿把自己写得“不务正业、不听劝告”而失去好不容易获得的“铁饭碗”。

功夫不负有心人，我的处女作是一篇散文《春天的旋律》，1995 年终于在《兰州铁道报》上变成了铅字，之后一发而不可收，诗歌、散文、小说、报告文学、论文都写，变成铅字不是太难的事，发表和获奖的级别也从内部报刊到省部级、全国级，并逐步走向世界。最主要的是：我找到了一条自我激励的途径——就是写通讯报道，还可一稿多投，收益多多。因有了一定的文字功底，身边的素材随处可见、真实可感、节省时间，从收集素材到形成文字，用不了半天就立竿见影。慢慢地，稿件投出后被多报齐载。

1997 年武威处管内发了一起震惊全国的剧毒品氰化钠被盗案，我自告奋勇到案发地嘉峪关现场跟踪破案，从案件报道的消息到侦破通讯、报告文学、专题摄影报道配词、案例交流一笔插到底，开创了武威铁路公安处上央视新闻联播、各大报刊的历史纪录，不但出彩了，而且出利了，仅稿费和奖励就拿了 3000 多元，那可是我两个月的工资啊！《甘肃日报·社会周刊》为我开辟了专栏，每周两千字左右的侦破通讯我写了半年，把甘肃省内与铁路有关的、我知道的案件素材（包括多年前发生的案件，以追逃的新闻由头）写了个精光。2002 年因在通讯报道方面的突出成绩荣记个人三等功一次，当时全处历史上只有三人靠写作写出了三等功，我和我的主任胡延明就是其中两个。值得一提的是，我收集了五年的素材，研究了半年，写了篇大文章《中国公安科技发展的战略格局及框架设想》，被公安部主办的《中国公共安全》期刊采用，光稿费就拿了 2000 元。

"书中自有黄金屋，书中自有颜如玉"，我深感此古训不假。我用我的执着赢得了爱情，我用我的勤奋建设了小家，我用我对战友的挚爱和对公安工作的热爱，赢得了大家的尊重。四十岁时（2009 年），深感作诗激情渐弱，在文友齐鸿天的鼓励下，我将此前所作的现代诗结集出版《沙漠的吟唱》。四十四岁时（2013 年），我在亦师亦友亦领导的处长郭复元的鼓励下，出版了散文集《乐园》。我知道我的作品还不能达到最好，所以我要继续努力。如果说诗集《沙漠的吟唱》是我四十岁之前激情岁月的总结，那么散文集《乐园》，就是我四十五岁之前童稚纯真、浪漫奔放、柔情似水、苦思闷想、烦躁狂暴、肝肠寸断、汹涌澎湃的思想、情绪、感受、游历的结晶。而本报告文学集，就是我近三十年来对战友、对事业、对人生的热爱，以及他们给我的感动。

走出校园步入社会的二十八年，是快乐而辛苦的二十八年，我没有放弃文学梦想，但是没有想到实现的过程太出乎意料了。感觉时光逝去之快，基本是与文字打交道。许多时候，感到文字鲜活、青春、美丽，让我信心倍增、思路活跃、反应敏捷。我感到：生于这个百舸竞流、生机蓬勃的时代，只要想到的事，只要是好的设想，只要与实际不是离得太远，没有不能实现的。

不是我没有进步的想法，当领导在台上拿着我的稿子慷慨陈词时，我有成就感，也有想进步的想法。但是，在电子化办公实现前，每到年关，别人在数钱，我在收销文件，手撕、焚烧中，我感叹我的时光，在起早贪黑、辛苦地制造垃圾，但是立即就想通了：人生就是个悖论，不用你时你愤世嫉俗、怨天尤人，用你时，你根本不必觉得非我莫属。人，有这个自信就行，不必以此来提条件、讲得失，斤斤计较成不了事，有得才有失，关键是要厘清头绪、正确定位——自己想干什么、能干什么、能干成什么。

写作是快乐的。我多数时间都是在写公文、诗歌、散文、新闻、论文中度过。公文写累了改一下诗歌、散文，有了难得的空闲时间整理一下积累就变成了论文。新闻这行当，一旦丢弃了，再捡起来就难了，如同时过境迁，丧失了新闻价值一样。新闻不写了，才感到它捕捉题材需要的敏感，如同诗歌，那是让我矫若惊龙、动若脱兔的灵感之一。这正是文字及工作中甚至是年轻时需要的激情和激励——发现美的眼光，是我们最需要的。这当然与时下的新闻界价值不合拍。

许多人问我：为什么过去的基层领导干部重用文秘，现在的领导却不那么重视？我想：过去的基层领导文化水平、知识层次较低，他们中部分人能干、会干、会说但是写不出来，部分人只有一腔热血，能力和水平较低，但是作风扎实。我们知道：仅有热心、赤诚是做不好工作的。重用秘书，用了文秘的思想、知识、文字组织能力，用了其他秘书的助理处置的能力。多年以来，秘书们成长了起来，还有一个用助手工作的习惯。

说这些我没有炫耀的意思，我就是用我的真实经历抛砖引玉，和战友们共享筑梦时光：不要悲观，不要失望，不要给自己找借口，不要管别人怎么说，认准方向，坚忍不拔，定能有所成。

把真，献给追求纯真的人；把善，献给崇尚善良的人；把美，献给创造美的人；把爱，献给奉献可爱的人！

祝愿贵州铁路公安处安全有序可控！

祝愿贵州处的战友们家庭幸福，取得更大的成就！

祝愿我们的公安文化与公安事业兴旺发达！

后记

铁警追梦——这个梦是什么？是铁路公安对这份职业的执着坚守，是对肩负使命与责任的无悔忠诚。追梦于心，担当在肩。多年来，就是靠着这种内心世界的充盈，铁路公安民警在万里铁道线上，在大山深处，在偏僻小站，在旅客身边，在危难时刻，书写着一个个动人的故事。他们的故事也许鲜为人知，但却不乏鲜艳夺目的色彩。当那两条平行延伸的钢轨与铁路警察的人生紧紧浇铸在一起时，这钢铁就已经成了他们的骨骼、脊梁。这样的故事，每天都在铁道线上流淌，如万川入海，如星火燎原。

用一流的表达讲述铁警一流的故事，这是铁路公安系统贯彻习近平同志对新时期文艺创作要求、落实公安部打造警察文化具体意见所达成的共识。

多年来，铁路公安系统活跃着一批执着而优秀的文学作者，他们在繁忙的工作之余，一手拿枪，一手握笔，孜孜以求地倾注全部热情来创作。他们以散文、诗歌、小说、报告文学，为我们呈现铁路公安这个群体独有的情怀。从这些作品中，我们能够感受到流淌在其间的滚烫热量。一部作品能否成功，关键就在于作者是否真诚地面对生活、面对自己、面对读者。这个过程有如输血，把我们体内那滚烫的血液毫无保留、没有障碍地输送给读者，把那些感动我们的故事以鲜活的方式讲述给读者。倘能如此，我们的文学作品就将拥有长久的生命力。

这些书籍的出版得到了铁路公安文联的大力支持，折射着铁路公安充满传奇与热血的故事。借用诗人田湘《虚掩的门》诗中的几句："虚掩的门里，有着许多不为人知的秘密……它似乎在等待着一个人，轻轻地把门叩开……"希望这些书籍的出版能为铁路公安文学创作爱好者打开一扇门，让更多的人走进来，参与到这项带着春天般芬芳的事业里，把更多的色彩、更多的热量传递出去。更希望为读者打开一扇门，让他们从这扇门里，领略到铁路公安这个行业里独有的春天。